古文今译·二十六史故事

五代与宋

主　编：张宏儒
副主编：张德信

花山文艺出版社
河北冠林数字出版有限公司
河北·石家庄

图书在版编目（CIP）数据

古文今译·二十六史故事. 五代与宋 / 张宏儒主编. —石家庄：花山文艺出版社，2017.8（2022.4重印）
ISBN 978-7-5511-3652-5

Ⅰ.①古… Ⅱ.①张… Ⅲ.①中国历史－五代十国时期－通俗读物②中国历史－宋代－通俗读物 Ⅳ.①K209

中国版本图书馆CIP数据核字（2017）第200839号

书　　名：	**古文今译·二十六史故事　五代与宋**
	Guwen Jinyi Ershiliushi Gushi Wudai Yu Song
主　　编：	张宏儒
副 主 编：	张德信
责任编辑：	贺　进
特约编辑：	张福堂　杜丽敏
责任校对：	李　伟
封面设计：	崔　海
美术编辑：	胡彤亮
出版发行：	花山文艺出版社
	河北冠林数字出版有限公司
销售热线：	0311-88643176
传　　真：	0311-88643234
印　　刷：	永清县晔盛亚胶印有限公司
经　　销：	新华书店
开　　本：	890×1240　1/32
印　　张：	6.25
字　　数：	129千字
版　　次：	2017年8月第1版
	2022年4月第2次印刷
书　　号：	ISBN 978-7-5511-3652-5
定　　价：	25.00元

（版权所有　翻印必究·印装有误　负责调换）

前言

唐太宗李世民堪称千古一帝，他的论断"以铜为鉴，可正衣冠；以古为鉴，可知兴替；以人为鉴，可明得失"，至今颠扑不破。所以，读史不仅是学人必修，而且早已成风尚，为历朝历代贤达才俊所看重；时至今日，更是普及平民百姓。不了解本国、本民族的历史，茶余饭后无故事，与人交谈无资本，教育子女无底蕴，更无法增强民族自信、文化自信，也难以在生产中传薪播火、创新缔造，难以在生活中得到"诗意与远方"。

自从盘古开天地，三皇五帝到如今，我们中华民族经历了五千多年的历史，在这漫长的岁月里，经历了许许多多的朝代更迭、社会动荡，发生了许许多多的宫廷争斗、民间传奇，记载了英主与忠良如何经天纬地、昏君和奸佞怎样祸国殃民，描述了政治家、思想家、文学家、科学家等怎样以他们的聪明才智，一步步改善着人民群众的生活境地，并推动社会的进步、祖国的强大。为了重现中华文明的辉煌灿烂，为了阅古诫今、汲古益今，我们以历史事件先后为顺序，以朝代更迭为线索，以历代正史为依据，并进行去伪存真、去粗取精，纠正错讹，吸收采用最新最科学的研究成果，积数年之功，编纂出版了这套《古文今译·二十六史故事》丛书，奉献给广大读者。

本丛书以1926年上海锦章书局出版、署名舒屋山人编纂的《精订纲鉴二十六史通俗演义》为底本，特别延请中国社会科学院史学、文学的名家、专家主持历史故事的梳理与考证，有些不实之处亦有增删与纠正；并组织优秀学者作古旧文本的白话翻译，倾力做到信、畅、雅，即忠实正史，出必有凭；叙事晓畅，不艰不涩；行文在浅易中求规范，规范中求文雅，力促读者易读、爱读，尽享阅读的快乐和求知的满足，在快乐满足中把握历史演进，体悟流变真谛。

本套丛书依时间为序，按朝代划分成十册；每册中朝代独立成章，各个朝代中又以重大历史事件、历史人物为题，划分出小节，以求方便读者的多元阅读方式，适应当前生活的快节奏。划分中虽然照顾了篇章多寡，以及每册的页码厚薄，但不同朝代历史存留长短不一，实属难以均衡书册大小之规整。而且，限于底本，民国史也未尽周全，在目待版。特此禀明。

我们正处在一个大变革的新时代，迎接中华民族的伟大复兴不只是一个口号，而是必须要有践行；践行则必须要有丰富的知识作支撑，包括科学的、历史的等诸多领域。可以肯定，这正是这套丛书的编纂、出版初衷。

通读一部中国史，做一个明明白白的中国人；传承中华文明，创新民族文化，需要无数明明白白的中国人。

欲知历代兴亡事，端详尽在此书中。《古文今译·二十六史故事》丛书，期待您的悦读。

张福堂

2017 春三月于闲也斋

目 录

五代 ································· 1
  1. 朱家自残 ························· 1
  2. 后唐灭梁 ························· 4
  3. 优人"李天下" ····················· 7
  4. 身死国破 ························· 8
  5. 文盲皇帝 ························ 10
  6. 石敬瑭谋反 ······················ 11
  7. 后汉兴废 ························ 15
  8. 后周郭威、柴荣 ·················· 16
  9. 赵匡胤用兵 ······················ 18
  10. 明君柴荣 ······················· 20
  11. 黄袍加身 ······················· 22
  五代世系表 ························· 24
  十国世系表 ························· 25

宋 ···································· 27
  1. 五代十国归宋 ···················· 27
  2. 词人李煜 ························ 30
  3. 闽殷五十年 ······················ 33
  4. 南唐灭楚 ························ 36
  5. 卧木摇纸 ························ 39

6. 王座迁东角 …… 42
7. 前蜀后蜀 …… 44
8. 花蕊夫人 …… 48
9. "生地狱"与"媚猪" …… 48
10. 潘美与杨业 …… 50
11. 无赖国王 …… 54
12. 杯酒释兵权 …… 55
13. 太后遗命 …… 58
14. 太祖仁治 …… 58
15. 太宗伐辽 …… 61
16. 帝位之选 …… 63
17. 胜者纳贡 …… 67
18. "天书"惑政 …… 69
19. 刘太后听政 …… 72
20. 后宫之乱 …… 74
21. 明主贤臣 …… 76
22. 太子辞位 …… 79
23. 国学崇儒 …… 81
24. 两宫怨解 …… 82
25. "良主"英宗 …… 84
26. 王安石变法 …… 86
27. 王安石割地 …… 90
28. 元祐更化 …… 92
29. "二蔡""二惇" …… 94
30. "党人碑" …… 97
31. "花石纲" …… 98

32．方腊与宋江	101
33．"海上盟约"	103
34．金兵南犯	106
35．李纲忠勇	108
36．金兵再侵	112
37．靖康之耻	113
38．康王赵构	116
39．泥马渡康王	118
40．宗泽与岳飞	119
41．火烧扬州	123
42．杭州逼宫	124
43．高宗遁逃	126
44．截江抗金	127
45．蒙难五国城	130
46．间谍秦桧	130
47．攘除叛逆	131
48．伪齐废亡	133
49．秦桧弄权误国	135
50．刘锜智勇杀敌	138
51．岳飞大破"拐子马"	139
52．岳飞蒙冤被害	141
53．高宗称臣	146
54．秦桧碎尸	146
55．金邦内讧	147
56．宋孝宗初战再和	149
57．朱子治学	151

58. 宫廷祸乱 …………………………………… 153
59. "伪学"之争 ………………………………… 156
60. 宁宗伐金 …………………………………… 158
61. "赵大王"即位 ……………………………… 160
62. 宋蒙交恶 …………………………………… 163
63. 孟珙屯田 …………………………………… 166
64. 贾似道卖国 ………………………………… 167
65. 襄阳遭困 …………………………………… 172
66. 樊城烈士 …………………………………… 174
67. 元兵破宋 …………………………………… 175
68. 抗元败绩 …………………………………… 178
69. 茅坑贾似道 ………………………………… 180
70. 国破临安 …………………………………… 181
71. 宋谋兴复 …………………………………… 182
72. 退守厓山 …………………………………… 185
73. 忠臣殉国 …………………………………… 188

北宋世系表 …………………………………… 191

南宋世系表 …………………………………… 192

五代

（907—960）

1. 朱家自残

梁主朱全忠篡位以后，和宗族亲属在宫中饮酒下棋。他的哥哥朱全晃对他说："朱三本来是砀山一普通百姓，后来跟随黄巢做盗寇，天子任你做四镇节度使，富贵极了，怎么一下子毁灭了唐朝三百年的江山社稷？能保证将来我们没有灭族之灾！"梁主怏怏不乐地作罢。当时，只有河东晋王李克用、凤州岐王李茂贞、淮南吴王杨行密的儿子杨渥、西川蜀王王建不尊奉梁的年号，其余的都奉行梁朝的新历法。梁以高季昌为荆南节度使，占据江陵，后为南平王。契丹人耶律阿保机开始建国，这就是辽太祖。梁派康怀贞率兵攻打晋王占据的潞州，晋地李嗣昭紧闭城门拒守，康怀贞昼夜发动进攻，但半个月也没有攻下潞州，只好在潞州城下修筑长城，内防冲突，外拒援兵，称作夹寨。挖沟守在那里，过了很久，仍不能攻克潞州。晋王李克用死了，其子李存勖（xù）立为晋王。李存勖和诸将策划说："朱温所害怕的，只是先王而已，听说我刚立为晋王,肯定有骄傲怠慢的心理,如果简选精兵,绕到后面攻击,出其不意,我们必定取胜!"于是,大阅兵士,率周德威等,发晋阳兵直奔夹寨,擂着战鼓高声喊叫攻入。梁兵大败,向南逃跑,死亡失散的将士数以万计,丢弃下的军资器械堆积如山。潞州之围解除。梁王听说夹寨失守,非常吃惊,接着感叹地说:"生儿子应当像李亚子,李克用就像没死一样啊!我的儿子,猪狗一般!"燕王刘守光称帝,国号大燕。晋王闻听此事,大笑说:"等他十年,我要问问他谁最强大。"

晋王李存勖屡次打败梁兵,梁主的病情日益加重,对近臣说:"我统御天下三十年,没想到太原的余孽如此昌盛!我看他的志向不小,上天又要夺去我的性命,我若死了,我的几个儿子都不是他的对手,我死无葬身之地了!"便哽噎气绝,后又苏醒过来。当初,张后仪容严肃,足智多谋,梁主很敬畏她。张后死后,梁主便恣意淫乐,在河南尹张宗奭(shì)家避暑时,当地的妇女几乎全被他奸淫过。梁主的几个儿子只能在寝宫外,而他们的妻子却经常被召进寝宫服侍梁主。梁主的儿子中七个是亲生,只有最小的儿子友文原姓康,名勤,是梁主的养子。友文的妻子王氏姿色最美,而且善于看梁主的脸色行事,枕席之间也应付得恰到好处。另外七个儿子的妻子,虽然也能得体地奉迎梁主,但总还是有些勉强,比不上王氏。梁主很宠爱王氏,王氏请求立友文为太子,梁主答应了她,其他的儿子都不服气。梁主病危,命王氏召来友文,想交代后事。梁主的第七个儿子友珪的妻子张氏知道了这件事,便密告友珪,友珪和统军韩勍(qíng)合谋,于

习武图

夜晚杀入寝宫，梁主大惊起身说："我本来就怀疑你这个逆贼，后悔没有早杀了你。你如此大逆不道，上天岂能容你！"友珪说："将老贼碎尸万段！"友珪的仆夫冯廷谔，一刀刺入梁主的腹部，刀尖直穿出后背，然后用破毡子将他裹上埋在寝宫里。梁主在位六年。友珪即帝位。

梁将赵岩奉命到大梁，见到梁主的三子友贞，便与友贞密谋杀掉友珪。赵岩说："此事成败，关键在于招讨使杨令公了。如能得到他一句话告令禁军，我们这件事就会马到成功。"友贞便派心腹马慎交去魏州劝说杨师厚："郢王篡夺了帝位，人们所希望的主子在大梁，你若能就势成全此事，只需你择一良辰吉日。"杨师厚便派其部将王舜贤到洛阳，暗中与袁象先策划。袁象先率数千禁兵，突然冲杀入宫。友珪闻听事情突然变化，自己料到免不了一死，便令冯廷谔先杀死他的妻子，然后再杀死他，冯廷谔也自杀了。均王便于大梁即帝位，改名为瑝，后又改为瑱（zhèn），这就是梁末帝。

2. 后唐灭梁

时晋王李存勖，赏罚严明，举荐贤才，罢黜贪官酷吏，严惩盗贼，重视农业，积存五谷，训练士兵，又有张承业的辅佐，境内得到了很好的治理。当初，李克用上书奏请刘仁恭为卢龙节度使，后又向刘仁恭征兵来援助唐室。刘仁恭写信谩骂，李克用大怒，发兵讨伐，却被刘仁恭打败。刘仁恭的儿子刘守光，与刘仁恭的爱妾罗氏私通，遭到刘仁恭杖打责骂，刘守光便带兵入宫，将刘仁恭幽禁在别室里,自己立为燕王,不久称帝。晋王李存勖,奉父临终之命,发兵讨伐燕国。燕王刘守光派其部将单廷珪出兵应战,晋将周德威奋力拼杀将单廷珪抓获。晋王分兵夺取燕山,后又攻下八个州,直逼幽州。晋王督率各路兵士四面攻城,拿下幽州,活捉刘仁恭、刘守光父子及其妻妾凯旋,献于太庙,并亲临现场斩了刘守光,将刘仁恭铐住送到代州,刺刘仁恭的心血祭祀父亲陵墓,然后将他杀掉。

梁末帝把天雄分成两镇,魏人不服,便投降于晋,并向晋请求援兵。晋王进入魏州,梁将刘鄩(xún)以为晋兵都在魏州,晋阳必然空虚,便暗中派兵袭击晋阳。晋李存审将刘鄩打败,刘鄩逃回。梁将王檀密奏请求发关西兵袭击晋阳,梁主准许发兵,兵至晋阳,于夜晚发起猛攻,晋阳城多次险些被攻陷。晋兵北伐,旧将安金全率兵夜间出战,大败契丹。契丹撤兵北归后,梁发兵围困晋的幽州,李嗣源、李存审率兵前后夹击,大败梁兵,解了幽州之围。晋国更加强大。晋王得到国玺,于是称帝,改国号为唐,这就是后唐庄宗。

后唐派李嗣源进攻梁郓州,李嗣源占据了郓州。梁敬翔对梁王说:"事情非常紧迫,不用王彦章为大将,就难以挽救了。"梁主遂任王彦章为大将。王彦章先后攻占了后唐的德胜、南城,又进攻杨刘。当初,王彦章憎恨赵岩、张汉鼎、张汉杰乱政,对其亲信说:"等我成功归来,就杀掉奸臣,以谢天下。"赵、张得知,很怕他成功,便千方百计地阻挠。因此,王彦章终未成功。梁主也怕他成功后难于控制,便将他调回大梁,用段凝为大将,老将们对此非常愤怒。梁右先锋指挥使康延孝投奔了后唐，唐主向他询问梁的情况，他回答说："梁地盘不算小，兵也不算少，但看他们办的事情，最终必定败亡。最近又听说想多路出兵，决定在十月大规模行动。我暗中观察梁兵，聚在一起的倒是不少，分开的不多。希望陛下养兵蓄力，等到他们分兵之后，率五千精锐骑兵，从郓州直捣大梁，活捉梁主，一月之内，天下就太平了。"唐主非常高兴，便召来诸将商议。郭崇韬回答说："段凝本来就不是将才，不能根据时机灵活决策，不足害怕，投降来的人都说大梁无兵，陛下如果留兵守在魏州，固保杨刘城，亲自率精兵与郓（yùn）州合力，长驱直入汴州，那里城中空虚，必定望风自溃。如果拿到梁主的头，诸将自然投降了。"唐主说："正合我意，大丈夫成功就为王，失败便让位。就这么办！"

冬十月，唐主大军过黄河到了郓州，一仗就打败了梁军，并追至中都，围困中都城，城里毫无守备，不一会儿，梁兵溃败，纷纷投降，唐兵将王彦章抓获。唐主想让王彦章投降，王彦章说："我本是一匹夫，承蒙梁主恩惠，才做了上将，现在兵败力尽，理当一死。"唐主下令将其斩首。康延孝请求赶快攻打大梁。李嗣源说："用兵贵在神速，现在，王彦章已被抓获，段凝还不一定知道。这里离大梁很近，前面没有高山险阻，大队人马顺利前行，昼夜兼程，两天两夜就能到达，段凝还在河上，友贞已经被我们活捉了。延孝的话很对，请陛下率大队人马在后面慢行，我率一千骑兵做前锋。"唐主同意了他的建议。一声令下，诸军都踊跃前往。

梁主日夜哭泣，不知所措，放在卧室里的国宝，忽然丢失，实际上已被他的左右偷去奉迎唐军了。梁主对皇甫麟说："我不能自决，你可以斩下我的头。"皇甫麟哭着遵从，杀了末帝，然后自杀。末帝在位十一年。末帝为人温和有礼，勤俭节约，没有荒废事务、迷于逸乐的过失，但疏远猜忌宗室，宠任赵岩和德妃兄弟张汉鼎、张汉杰等，仗势玩弄权术，卖官鬻爵，离间将相，政事日益紊乱，以至于亡国。后唐毁掉梁的宗庙，追废朱温、朱友贞为平民，并杀了他们全家，梁亡。共二主，十七年。

3. 优人"李天下"

后唐庄宗李存勖，本姓朱耶，沙陀人，祖父赤心，赐姓名李国昌，其父李克用，因打败黄巢有功被封为晋王。

李存勖承袭晋王，率兵灭梁称帝，迁都洛阳，号为后唐。当初，李克用临终时，赐李存勖三支箭说："梁是我的仇敌。燕王是我立的，契丹背约归顺了梁，这三者是我的遗恨。给你三支箭，不要忘了父亲的遗志！"现在，唐主果然捉住燕王父子，拿下了梁君臣的首级，契丹也归服祭祀太庙，完成了父亲三箭的遗志。唐主任郭崇韬为侍中，郭崇韬在朝廷内外都很有权势，制定法度，忠诚无私，并善于举荐人才。唐主自幼喜好音律，有时亲自舞文弄墨，和优人[1]一起在庭院中嬉戏，以取悦于刘夫人。别人称优人"李天下"，他自己也曾高喊："李

---

[1]优人，演杂戏的人。

天下！李天下！"优人敬新磨冲上前打了他一嘴巴，唐主大惊失色，敬新磨慢悠悠地说："治理天下的，只有一个人，别人谁能这样称呼？"唐主很高兴，给他很多赏赐，并且对刘夫人仍很宠爱。从此，各优伶随便出入宫廷，侮辱耍弄缙绅，群臣都很愤恨，但又不敢出气。当时，府库内钱财堆积如山，不肯赏赐犒劳将士，但对伶人则赏赐无度，又在民间挑选三十多人充入后宫，学习女戏。

4. 身死国破

蜀王昏庸无道，唐主和宰相商议讨伐蜀王，以魏王李继岌为西川都统，以郭崇韬为招讨使，军机大事都委托给他们办理。同光三年（925年）十一月十七日，大军西行进入散关，一路急行军，所经各城镇都诚心归附，大军直接逼近成都。蜀主投降，于是大军进入成都。郭崇韬严禁将士侵扰掠夺百姓，市集贸易照常进行。从出兵到攻克蜀地，一共只用七十天。当时，成都虽然被攻下，但蜀地盗贼很多，遍布山林，郭崇韬怕大军撤离以后成为后患，便暂时驻守在那里。唐主派宦官何延嗣前去督促，郭崇韬待他很傲慢，何延嗣回来说郭崇韬专权，唐主寄身于虎狼之口。唐主便派马彦珪迅速到成都，去观察郭崇韬的所作所为。刘皇后自作主张令魏王李继岌杀掉郭崇韬，李继岌请郭崇韬登上城楼商议事宜，郭崇韬正上阶梯，李继岌的随从李环击碎了郭崇韬的脑袋，并杀了他的儿子郭延海。另任孟知祥为西川节度使，后来他占据了蜀地。接着，唐主又听信谗言，杀了郭崇韬其他几个儿子及功臣继麟，朝野惊骇痛惜。李嗣源叹息说："我的心不负天地，是祸是福，听天由命了。天下不能理解郭崇韬犯了什么罪！"人心慌恐，邺都便发生了叛乱。

唐主命李嗣源去讨伐，李嗣源到邺都，下令明日攻城。这天夜里，马直军士张破败作乱，率众兵士大喊烧毁宫廷，李嗣源叱问他，他回答说："将士跟随主上十年，身经百战，统一天下，现在主上忘恩负义，滥施淫威。我们本来没有背叛之心，只是怕死而已。如今想和城里的兵士联合，请主上统治河南，你统治河北！"李嗣源哭着劝他，他仍旧不从。李嗣源假意说依从他，把他骗了出来，便带兵直奔大梁，李绍荣上奏说李嗣源已背叛唐主与叛贼联兵，李嗣源派使臣上书禀明事理，一天派去几个人，都被李绍荣阻止，没能通报到唐主，李嗣源因此产生了疑惧，石敬瑭说："凡事果断便成功，犹豫就失败，请赶快遵从大家的意志！"康义诚也说："主上昏庸无道，将士百姓都很怨恨，您遵从众人的意愿则生，固守节操则死。"李嗣源命令安重海移檄文聚合兵力，军势浩大。李绍荣请求唐主去关东招抚，唐主同意去关东。

唐主到万胜镇，得知李嗣源已攻占了大梁，各路兵士纷纷叛离，神情沮丧，登上高处感叹地说："面对这种局势，我无能为力了！"命令军队返回。唐伶人郭从谦率领所部攻打兴教门，唐军将士纷纷逃亡。唐主率亲王卫士守城，被流箭射中，鹰坊人善友扶他到绛霄殿，把箭拔出来，用嘴吸出淤积的血水，刘后没有亲自去看他，派宦官送去乳浆，不一会儿唐主就死了。在位三年。善友收聚一些乐器，又在唐主身上覆盖些易燃之物，点火焚烧。刘后骑马满载金银财宝,和申王李存渥及李绍荣逃走,宫人也都相继逃散,诸军士非常惊恐。这一天,李嗣源到曟子谷,听到唐主已死,放声痛哭,他对诸将说:"主上一向深得士心,只是被一群小人蒙蔽迷惑。到了这一步,现在,我到哪里去呢?"后来,便去了洛阳,居住在私人府第,禁止焚烧掠夺,收起庄宗剩下的骨灰安葬了。

5. 文盲皇帝

后唐由李嗣源临时掌管朝政,他抓获刘后和申王,并把他们杀掉,又杀了李绍荣和魏王继岌等人。同光四年(926年)四月,李嗣源采用旁支即帝位的礼节,在唐主灵柩前即位,这就是明宗,即位后改名亶(dǎn)。明宗不识字,四方上奏,都令安重海读给他听,安重海也不能完全读通,便上奏选任文学之臣,设置端明殿学士,冯道、赵凤被选充任。又任郭从谦为景州刺史,郭刚到任,李嗣源就遣使将其满门抄斩。唐开始刻九经活板印书出卖,从此,学者才容易得到书籍。明宗原是胡人,后为李克用的养子,性情爽直,与世无争,即位时已经过了六十岁,他每天晚上都在宫中烧香祈祷说:"我本是胡人,因战乱,被大家推举为主,希望上帝早生圣人,为百姓之主。"天被其真诚所感动,次年生了宋祖。明宗在位八年,很少发动战事,农业也年年丰收。在五代期间,可以称得上小康。他死后,第五个儿子李从厚即位,这就是闵帝。闵帝在位仅一年。

6. 石敬瑭谋反

唐成德节度使潞王李从珂,从凤翔发兵,攻入洛阳,废李从厚为鄂王,不久又杀死李从厚。李从珂本姓王,小名阿王,是镇州平山寡妇魏氏的儿子,明宗把他抢来做了养子。现在,继明宗之后自立为皇帝,这就是后唐末帝。末帝在千春节设酒宴,河东节度使石敬瑭之妻、晋国长公主祝完寿告辞回晋阳,唐主醉醺醺地说:"为什么不多留一会儿?这么急着回去,想和石郎谋反吗?"石敬瑭听了非常害怕,接着又被调到天平任职,石敬瑭更害怕了,便和部将合谋说:"我第二次来河东任职,是主上当面授给的,而且终身不废除不取代。现在忽然下这道命令,莫非像今年千春节对公主所说的?"都押衙刘知远说:"明公长年带兵,深得士卒之心,现占据的地势优越便利,兵马精干强悍,如果兴兵传檄声讨,帝业可成,为什么凭一纸诏书,去自投虎口呢?"书记官桑维翰说:"主上当初即位,明公入朝,那时没调任,却最后授职镇守河东,这是上天借给明公的锐利武器,明宗的恩德后人是铭记不忘的。而末帝不是明宗的后代,公则是明宗的爱婿,契丹一向和明宗盟约是朋友兄弟,公如能推心置腹屈膝事奉,招之即来,还用担心大事不成?"于是石敬瑭便下了决心。于是他上书说末帝是唐主的养子,不该即帝位,请他把帝位让给许王。末帝把奏疏撕碎,扔在地上,命张敬达前去讨伐。石敬瑭令桑维翰草拟章表向契丹称臣,而且请求以父礼事奉契丹,约定大事告成之日,割卢龙一道及雁门关以北各州给契丹。刘知远进谏说:"称臣

运筹帷幄

可以，行父子之礼太过分了。多给一些金银玉帛贿赂，就足以使他发兵，不必用土地许诺。割地恐怕将来成为中国的大患，那将后悔不及。"石敬瑭没听他的话。

　　章表送到契丹，契丹主非常高兴，等到中秋，发全国的兵力前来援助。契丹主耶律德光率兵救援石敬瑭，以五万骑兵与唐将高行周、符彦卿交战，石敬瑭派刘知远出兵帮助耶律德光，唐兵大败。唐主惊恐，下诏亲自出征，诸军傲慢蛮横不听调遣，符彦卿怕他们叛乱，也不敢用军法管束。唐主到了河阳，终日沉湎于歌乐，群臣中有人劝他北行，他说："你们别说了，姓石的使我心胆落地。"契丹主对石敬瑭说："我从三千里之外来救援，肯定成功，看你的气色、相貌、见识和胆量，确实是中原之主啊！我想册立你为天子。"石敬瑭假装推辞谦让，文武官员反复劝进，才予答应。契丹主作册封诏书，命石敬瑭为皇帝。石敬瑭割幽蓟十六州给契丹，并答应每年贡送绢三十万匹；改国号为晋，史称后晋。石敬瑭是沙陀人，即后晋高祖。唐主和宋审虔等四员大将又奔往洛阳，而其他高级武官都飞送书信欢迎晋主。唐主便与曹太后、刘皇后、雍王重美、宋审虔等，带着国玺，登上元武楼自焚。末帝在位三年，后唐灭亡。后唐共历四主、三姓，十四年。

　　这天晚上，晋主进入洛阳，唐军纷纷投降。晋主命刘知远部署京城，城中肃然有序。不久，晋主迁都大梁，在位七年。晋主在位期间，招抚藩镇，又善于事奉契丹，使中国得到了暂时的安定。他死时托付冯道辅佐幼子重睿为帝。冯道和景延广商议，国事繁多艰巨，应该立长君，便尊奉高祖石敬瑭的哥哥石敬儒之子、齐王石重贵为帝。齐王即帝位后，以契丹主耶律德光为祖，以高祖石敬瑭为父，而令生父石敬儒称臣。大臣们商议上章表向契丹哀告称臣。

当时契丹已改国号为辽。景延广请求送书信给契丹称孙却不称臣，辽主大怒，派使者来诘问，景延广又用不恭顺的话答复他。辽卢龙节度使赵延寿企图取代后晋统治中国，便多次劝说辽主进攻后晋，辽主认为他的话很有道理，便发兵入侵，晋主命刘知远聚合兵力到山东，但各路兵马都未去，晋主怀疑刘知远另有企图。郭威见刘知远面带愁容，便对他说："河东山河险固，又有崇尚武事的风俗，兵多马多，没有战事就勤劳耕种，打起仗来便操练军事，这是称霸的有利条件，你忧愁什么呢？"辽主大举入侵，桑维翰认为国家危在旦夕，请求拜见晋主商讨国事，此时晋主正在宫中驯鹰，推辞不见。他又向执政谏言，执政不以为然，并对其亲信说："晋国将要灭亡了。"辽兵包围晋国的都城，杜威和李守贞、宋延筠密谋降辽，辽主欺骗杜威说："景延广威望向来很低，恐怕不能统治中国，你真的投降，就让你当晋主。"杜威很高兴，便投降了。他命兵士们解下盔甲，兵士都失声恸哭，声震原野，辽主派兵攻入大梁，活擒晋主石重贵北归。石重贵在位四年。辽主又杀了桑维翰，囚禁了景延广，后晋灭亡。历经二主，十一年。辽主进驻大梁，杀了张彦泽，景延广自杀，辽封晋主为负义侯，把他带到黄龙府。

7. 后汉兴废

辽主放纵胡人骑马到四面八方去抢掠，奸淫妇女，因此，人人怨恨契丹，都想赶走他们。当时，晋臣刘知远在河东，诸镇中最为富强，见晋主与辽结了仇怨，知道他肯定有危险，便分兵驻守四境，以防辽兵突然袭击。等到听说辽兵攻入大梁，抓走天子，其部将兵士都请求刘知远尊崇晋主的称号，号令四方。刘知远听从了众将士的意愿。刘知远，名暠，字知远，其祖先是沙陀人，穷困之时成为晋阳李家的女婿。后在晋朝任官，因有功被封北平王。等到晋主石重贵被掳走，便在晋阳即位。刘知远想抢掠晋阳的民财来犒赏军士，其夫人李氏进谏说："你利用河东创下大业，没有给百姓恩惠，却要首先去掠夺他们生存的财物，不是新天子救济百姓的本意，请拿出宫中所有的财物来犒劳军士，虽然不多，但是人们不会有怨言。"刘知远听了她的劝告，人人都非常高兴。

辽兵大肆抢掠，百姓不堪忍受，东方义军蜂起，辽主耶律德光对其部将说："我不知道中国人如此难制！"便带着兵马，满载府库中的财物北归，行至杀胡林，耶律德光暴死，部将剖开他的肚子，挖去肠胃，把几斗盐装进去，载尸继续北行，被晋人称为干肉皇帝。晋主刘知远，占领了大梁，诸镇多投降归顺，刘知远仍定都大梁，改国号汉，史称后汉，这就是后汉高祖。汉主任其弟刘崇为太原河东节度使。后来郭威篡夺后汉政权，刘崇改名旻，在晋阳即位，这就是北汉。汉主刘知远病危之时，召来苏逢吉、杨邠、史宏肇、郭威说："承祐弱小，后事就托付给你们了。"话说完即去世。在位二年。

皇子刘承祐即位，当时十八岁，这就是隐帝。河中李守贞、永兴王景崇、凤翔赵思绾，抗拒朝命，推举李守贞为主，后汉派将士去讨伐他们，许久没有攻下。汉主惧怕，以郭威为招慰使，各路兵士都受他制约调遣。郭威攻打河中，攻到外城时，李守贞和妻子自焚而死。赵思绾好吃人肝和人肉，专拿妇女当粮食，已经约定投降，但因收敛财物，三次改期，郭威将他抓获杀死。郭威派赵晖急攻永兴，王景崇自杀。三镇平定之后，汉主渐渐地傲慢放纵。汉主长大成人，便亲昵宠爱女子，厌恶大臣们对他的控制，身边的人又乘机诬陷那些大臣，便将枢密使杨邠、侍卫指挥使宏肇、三司使王章杀掉。宏肇治军严整，率兵打仗所战必胜，后汉得天下，都是他的功劳。这三人被杀，人人都为他们鸣冤叫屈。汉主又派人到邺都去杀郭威，郭威起兵造反，留下养子郭荣镇守邺都，命郭宗威率骑兵做先锋，自己率大军跟在后面。行至封邱，人心震动恐惧。汉主派慕容彦超等人率兵抵抗，彦超等人战败逃回。这一天，汉主出来犒赏军士，被乱兵所杀。在位三年。冯道率文武百官拜见郭威，郭威回拜。郭威率百官上奏李太后应该尽早拥立新汉主，太后令百官商议，因为高祖之子承训、承勋年纪还小，立高祖之弟刘崇之子刘赟为主。

8. 后周郭威、柴荣

这时，正遇辽主入侵，李太后命郭威率大军迎击。十二月，郭威从大梁发兵，在澶州小宿歇息。这天早晨将要发兵，数千名将士忽然大声喧哗，郭威命令关闭屋门，将士翻墙破门而入，说："天子必须由你来做，将士们已经和刘氏成了仇人，不能立刘氏为天子！"有的人干脆撕下黄旗披在郭威身上，并将他抱起来，高呼万岁，拥护郭威南行。郭威便上书李太后，请她报告汉室宗庙，并认太后为母。太后下诏废刘赟为湘阴公，任命郭威临时掌管国政，郭威便即帝位。郭威是邢州尧山人，即现在北直顺德府唐山县人，改国号周，仍定都大梁，这就是后周。太祖郭威罢免四方贡献珍贵物品，在庭院毁掉宝玩，诏令百官上朝议事，爱惜兵士，体恤百姓，用人得当，堪称五代时期的好君主。太祖没有后代，以皇后的哥哥柴守礼之子柴荣为继承人，封为晋王。郭威在位三年而死。晋王柴荣即位，这就是世宗。

　　北汉得知太祖去世，亲自率三万大军与辽一万余骑兵入侵，周主亲自率兵抵抗，在高平南展开激战。交战不多时，樊爱能、何徽带着骑兵率先逃跑，右军大溃，步兵一千多人解甲高呼万岁投降了北汉。周主见局势危急，便亲自率兵放箭抛石督战，宿卫将赵匡胤对身边的人说："主子如此危难，我们又怎能不去以死相拼！"便身先士卒，猛攻对方的前锋，兵士们也都奋勇当先，以一当百，北汉兵大败。樊爱能等人听说打胜了，又都悄悄地回来，周王斥责他们说："你们都是朝中的老将，不但不能应战，关键时刻却望风而逃，正想把我当成奇珍异货卖给刘崇才算作罢！"把他们全部杀掉。从此，傲慢怠惰的将士才知道害怕，对他们不再宽容。周主对诸军进行大检阅，淘汰老弱怯懦军士，对步兵骑兵都严加挑选，招募壮士充实到各军之中，又命赵匡胤招募壮士补充宿卫。从此，士卒精悍强壮，当时无人能比。周主又下令毁掉铜佛铸成钱币，以改变五代以来钱币缺乏的局面。世宗还召来陈博询问炼丹化成金银的法术，陈博回答说："陛下是天子，应该以治理天下为务，怎么用得着干这个？"周主便遣他归山，并诏令州县长吏常去慰问他。世宗做了周太祖的继承人以后，没有人敢说他是柴守礼的儿子。对柴守礼，以大舅哥对待，给予优厚的俸禄。也没去大梁。柴守礼常以小小的怨恨就杀人，有关方面的官吏不敢追究，世宗知道也不过问。

9. 赵匡胤用兵

南唐和北部的契丹要联合攻打后周，周世宗下诏亲自出征，命李重进率兵奔赴正阳。南唐刘彦贞率兵抵抗，李重进大败刘彦贞，并将其斩首，唐人非常恐惧，皇甫晖、姚凤退守清流关，周主命赵匡胤率兵袭击，皇甫晖等逃到滁州，想断桥自守，赵匡胤挥兵渡水，直抵城下。皇甫晖说："人各为其主，请容我列成阵势再交战。"赵匡胤哭着答应了。皇甫晖整队出战，赵匡胤催马冲出营阵，向皇甫晖进攻并将他抓获，同时活捉姚凤，攻克滁州。赵匡胤的威名越来越大，他每次出阵必用马腹带装饰战马，铠甲兵器锃亮。有人对他说："这样恐怕易被敌人认出来。"赵匡胤说："我本来就是想让他们认出来的。"

南唐主屡战屡败，非常恐惧，便派李德明来请求去掉皇帝称号，割寿、濠、泗、楚、光、海六州给后周，并且每年贡绢百万匹，以此作为罢兵的条件。周主认为淮南已有一半的地方被周占

赵匡胤起兵

据，诸将又捷报频传，想全部夺得江北，因而没有答应。唐主非常愤怒，命其弟齐王李景达率二万大兵，直奔六合，赵匡胤奋力拼杀，大败李景达。从此，南唐的精锐兵力全被消灭。在这次交战过程中，将士中有不竭尽全力的，赵匡胤表面上是督战，用剑砍他的皮笠帽，第二天，把皮笠帽上有剑迹的几十人排成一队，统统斩首。从此，所部兵士不敢不卖命效死。周主任赵匡胤为定国节度使兼殿前都指挥使。

10. 明君柴荣

周主回到国都，命将士围攻寿春，却连年攻克不下，周主再次亲自率兵讨伐南唐，抵达寿春。唐寿州监军周廷构率城投降。攻濠、泗二州，二州也先后投降。接着攻下楚州，周主到了迎銮镇，直至江口，派水兵打败唐军，唐主非常恐惧，便南渡逃跑，又耻于投降称臣，就派陈觉捧着奏表，请求传位给太子宏冀，并让他听从中国的号令。陈觉到迎銮镇，看见周兵很强盛，哀告世宗，请派人渡江取唐主的奏表，献出西川，以江为界，作为休战的条件。世宗说："我兴兵只想攻取江北，现在你的主子能举国归附，我还求什么呢？"于是写信给唐主，抚慰并接纳他的奏表，告诉他休兵停战，不必传位。唐主遵照许诺，献出江北、西川，每年还要送去数十万贡品。江北全部平定，南唐主改名景，废去帝号，奉行后周所颁行的历法。世宗宣布收复北部边境，便率兵去沧州，当天率数十万步兵骑兵，直奔契丹边境。契丹率城投降，关南也全部平定了。周主在营帐中设宴犒劳诸将，并商议

赵匡胤像

攻取幽州，适逢周主生病只好回到都城。世宗的病情越来越重，召来范质等人接受遗命。在位六年，三十九岁就死了。

　　世宗在诸侯府第时，不露锋芒。等到即位以后，人们才佩服他英明勇武。他统御军队，号令严明，谁都不敢违犯；他攻城应敌，能随机决策，出人意料，战无不胜；并勤于治国，百官簿籍，过目不忘，揭发隐匿、斥责奸佞，洞察如神。闲暇时就召来儒士，讲读前代历史，研讨其中要义。他生性不喜欢丝竹珍玩一类的东西，重视农业，体恤百姓，制礼作乐，文官武将都各尽所能，受到重用，人们都敬佩他的贤明，怀念他的恩惠，所以他能攻占敌人的大片地盘，所向无敌，堪称贤明的君主。送葬的那一天，远近的人都哀悼思慕。世宗的太子梁王宗训即位，这就是恭帝，当时只有七岁。恭帝幼小，朝野内外的一切政务都由赵匡胤处理，暗中已有拥戴的意思。

11. 黄袍加身

　　当时镇州、定州传来辽和北汉联兵入侵的消息，周主派归德节度使、殿前都点检赵匡胤率禁军抵御。显德七年（960年）正月十三日，从汴京出发。殿前散指挥使苗训，善于观测天象，他看见太阳下面还有一个太阳，昏暗的光芒许久不散，便一边指给楚昭辅看，一边说："这是天意呀。"这天晚上赵匡胤驻扎在陈桥驿，将士们都聚在驿门，殿前都指挥使石守信等合谋说："主上幼弱，我们拼命破敌，谁都知道不如先立点检为天子，然后再北征。"都押衙李处，把这件事告诉了赵匡胤的弟弟赵匡义和归德掌书记赵普，十四日黎明，将士们身披铠甲手握兵刃，直逼赵匡胤寝室，说："诸侯无主，愿册立太尉为天子！"赵匡胤吃惊地赶忙起身，还没来得及披上衣服，黄袍已经被披在身上了。紧接着，众人跪拜，高呼万岁，并把他扶上马背，迫使他回汴京。赵匡胤揽住缰绳，对诸将说："你们自己贪图富贵，拥立我做天子，能听我的命令可以，否则，我不能做你们的主子！"众将赶紧下马说："愿意听命。"赵匡胤说："太后、主上，我们做臣子的不能惊扰冒犯，公卿们都与我地位相等，不许欺侮；朝廷府库，不许抢掠。听从命令的有重赏，否则诛杀九族！"众将士齐声说"好"，便列队前行。

十五日，到达汴京，从仁和门入城，没有任何掠扰冒犯之处。赵匡胤令将士回归营帐，自己却回到公署，将士推举范质、王溥等人到公署责问匡胤违背仪礼，不合大义。匡胤哭着说："世宗对我恩重如山，被六军逼迫到了这一步，愧对天地，可怎么办呢？"范质等还没来得及回答，列校罗彦环拔剑厉声说道："我们无主，今天必须得立天子！"范质等面面相觑，不知所措，王溥首先退一步跪拜，范质不得已，也只好跪拜。于是迎奉赵匡胤进宫，召见百官。百官排列就绪，直等到黄昏还没有得到禅让诏令。翰林承旨陶谷从袖中拿出周恭帝禅让帝位的诏书，宣徽使把赵匡胤引到殿廷，赵匡胤向北叩拜完毕，便被扶上崇元殿，穿上皇帝的礼服即皇帝位。尊周主为郑王，周主在位半年，后十一年死，宋主匡胤穿素服表示哀悼，停止朝事十天，世宗的七个儿子都死了，尊符后为周太后，迁到西宫。后周灭亡。后周历三主，共十年。五代时期共五十三年。

五代世系表
（907—960）

后梁（907—923）

（1）太祖朱温（晃）————（2）末帝朱瑱
（907—912）　　　　　　（913—923）

后唐（923—936）

李克用┬（1）庄宗李存勖
　　　│　　（923—926）　　　┬（3）闵帝李从厚
　　　└（2）明宗李亶　　　　│　　（934）
　　　　（克用养子）　　　　└（4）末帝李从珂
　　　　（926—933）　　　　　　（明宗养子）
　　　　　　　　　　　　　　　　（934—936）

后晋（936—947）

臬捩鸡┬（1）高祖石敬瑭
　　　│　　（936—942）
　　　└石敬儒————（2）出帝石重贵
　　　　　　　　　　　（942—947）

后汉（947—950）

（1）高祖刘知远————（2）隐帝刘承祐
（947—948）　　　　　（948—950）

后周（951—960）

（1）太祖郭威————（2）世宗柴荣————（3）恭帝柴宗训
（951—954）　　　　（太祖养子）　　　　（959—960）
　　　　　　　　　　（954—959）

十国世系表

吴(902—937)

(1)太祖杨行密 ─┬─ (2)烈祖杨渥
(902—905)　　　│　　(905—908)
　　　　　　　　├─ (3)高祖杨隆演
　　　　　　　　│　　(908—920)
　　　　　　　　└─ (4)睿帝杨溥
　　　　　　　　　　(920—937)

南唐(937—975)

(1)烈祖(前主)李昪 ── (2)元宗(中主)李璟 ── (3)后主李煜
(937—943)　　　　　　(943—961)　　　　　　(961—975)

吴越(907—978)

(1)武肃王钱镠 ── (2)文穆王钱元瓘 ─┬─ (3)忠献王钱弘佐
(907—932)　　　　(932—941)　　　　│　　(941—947)
　　　　　　　　　　　　　　　　　├─ (4)忠逊王钱弘倧
　　　　　　　　　　　　　　　　　│　　(947)
　　　　　　　　　　　　　　　　　└─ (5)忠懿王钱弘俶
　　　　　　　　　　　　　　　　　　　(948—978)

楚(907—951)

(1)武穆王马殷 ─┬─ (2)衡阳王马希声
(907—930)　　　│　　(930—932)
　　　　　　　├─ (3)文昭王马希范
　　　　　　　│　　(932—946)
　　　　　　　├─ (4)废王马希广
　　　　　　　│　　(947—950)
　　　　　　　├─ (5)恭孝王马希萼(后被奉为衡山王)
　　　　　　　│　　(950—951)
　　　　　　　└─ (6)马希崇

闽（909—945）

- 王潮
- （1）太祖王审知 ——— （2）嗣王王延翰
  （909—925） （925—926）

  （3）惠宗王延钧 ——— （4）康宗王昶
  （926—935） （935—939）

  （5）景宗王延羲
  （939—944）

  （6）天德帝王延政
  （943—945）

南汉（917—971）

- 刘谦 ——（1）烈祖刘隐
       （2）高祖刘岩（䶮）——（3）殇帝刘玢 ——（5）后主刘鋹
       （917—942） （942—943） （958—971）
                          （4）中宗刘晟
                          （943—958）

前蜀（903—925）

（1）高祖王建 ——— （2）后主王衍
（903—918） （918—925）

后蜀（934—965）

（1）高祖孟知祥 ——— （2）后主孟昶
（934） （934—965）

荆南（南平）（924—963）

（1）武信王高季兴 ——（2）文献王高从诲 ——（3）贞懿王高保融
（924—928） （928—948） （948—960）
                        （4）高保勖
                        （960—962）
                        （3）高继冲
                        （962—963）

北汉（951—979）

（1）世祖刘崇（旻）——（2）睿宗刘承钧 ——（3）少主刘继恩（承钧养子）
（951—954） （954—968） （968）
                        （4）英武皇帝刘继元
                        （968—979）

宋

(960—1279)

1. 五代十国归宋

赵匡胤大赦天下,改元建隆,国号为宋,史称北宋,他就是宋太祖。赵匡胤登极后,石守信、高怀德等大将全部加官晋爵。华山隐士陈抟(tuán)闻知赵匡胤取代后周自立为帝,兴奋地说:"天下从此可以太平了!"

唐朝末年,形成"天子不能制"的藩镇割据的局面,当时河北一带的藩镇大略如下:

卢龙镇。初名平卢镇,即北直隶永平府卢龙县等地,自从唐玄宗任命安禄山为平卢节度使开始,至安史之乱后,一共更替节度使二十七个人,换了二十姓。后梁末帝时,曾任卢龙节度使的刘守光自称燕帝,改元应天,晋王李存勖攻破幽州后,乘机擒杀了刘守光及其生父刘仁恭。

魏博镇。又名天雄镇,即北直隶大名府等地,唐代宗李豫在位时,安禄山部将田承嗣执史朝义妻子降唐,被授予魏博节度使,此后共更替节度使十九个人,换了九姓。到了后梁末帝朱籕时,魏博节度使杨师厚病死,魏人遂向晋王李存勖献地投诚。

成德镇。后名武顺镇,即北直隶正定府等地,唐肃宗李亨在位时,安史之乱中的降将李宝臣做了成德节度使,此后共更替节度使十二个人,换了四姓。至后梁末帝朱籕时,王镕被其部下太保王德明杀害,晋王李存勖又讨伐斩杀了王德明。

泽潞镇。又名昭义镇,即山西潞安府等地,唐代宗李豫时,授命安史之乱降将薛嵩为泽潞节度使,此后共更替节度使三十个人,换了二十六姓。到了丁会担任泽潞节度使的时候,宣武节度使朱全忠(即朱温)杀死唐昭宗另立李柷(chù)为傀儡皇帝,于是,丁会便投降了河东节度使李克用。

淄青镇。即山东兖州府东平州,唐肃宗李亨执政时,任命侯希逸为淄青等六州节度使,一共更替节度使五个人,换了二姓。至李师道做节度使时,唐宪宗李纯遣兵征讨李师道,李师道被部将刘悟斩杀,并将其头颅献与唐宪宗。

淮西镇。又名彰义镇,即河南汝宁府等地,唐肃宗李亨诏命平乱有功的来瑱为淮西节度使,一共更替节度使八个人,换了七姓。在吴元济做节度使时,唐宪宗李纯派遣唐邓隋节度使李愬讨伐吴元济,并将他执杀于长安。

沧景镇。又名横海镇,即北直隶河间府等地,唐德宗李适任命程日华为横海军节度使,一共更替节度使二十七个人,换了十五姓。唐昭宗李晔在位时,节度使卢彦威被刘守光的父亲刘仁恭取代。

宣武镇。即河南开封府等地,唐德宗李适执政时,任命刘元佐为宣武节度使,一共更替节度使十九个人,换了九姓。唐僖宗李儇在位时,让朱全忠代替唐实做了宣武节度使。后来,朱全忠篡唐自立,建国为梁,史称后梁,从而揭开了"五代十国"的历史序幕。

至于唐末五代那些僭号而立的小国,算起来前后共约十国,其中国势最大者要数吴国与南唐。最初,合肥人杨行愍(mǐn)因参加黄巢起义,被官军擒获,刺史郑棨(qǐ)见他举止相貌不俗,释放了他,后来他应募为州兵,渐升至卢州牙将,淮南节度使高骈又择升他做了卢州刺史,改名为行密。当时高骈笃信神仙之道,吕用之、张守一、诸葛殷等妖妄之徒借以呈势,淫刑滥赏,掠夺别人家资财妇女,令人切齿憎恨,导致部将毕师铎、秦彦起兵反叛。秦彦杀掉高骈及其家人亲族,将尸骨并入一穴草草埋葬。同为高骈部将的杨行密,乘机起兵,与秦彦、毕师铎、孙儒等势力在江淮地区兵戎相见,争夺数年,最终夺取了高骈全部故地。

景福元年(892年),唐昭宗李晔命杨行密为淮南节度使,让他占据了江南江西等地。杨行密掠取濠州时,收留徐州人李氏的儿子为养子,此举引起家中长子杨渥的怨愤。于是杨行密又将李氏子转赐予部将徐温做养子,并给他取名为知诰。知诰比徐家诸子勤勉孝顺,备受徐温喜爱。徐温每每诘问诸子:"你们待我,能像知诰那样吗?"遂将家事交付知诰掌管。杨行密节度淮南十四年,曾受封为吴王,奠定了吴国的割据局面,死后由长子杨渥继位。杨渥骄横奢侈,偏信谗佞,常因旧日积怨杀人,点燃十围火烛,用以击球嬉戏,有时甚至独自骑马出游,令手下人不知他去了何处。左右牙指挥使张颢、徐温对杨渥的荒唐作为屡次哭谏而不被采纳,于是挑起叛乱,杀死杨渥。杨渥继位三年而死,张颢拥立其弟杨隆演为王。徐温暗中派人将张颢斩杀于牙堂,并以杀君之罪暴尸朝野。徐温出外镇守润州,留其养子徐知诰在都城广陵辅佐朝政。杨隆演继位第十年,又僭越王位,次年病卒。

此时遥制朝政的徐温入朝,有人劝其自立为王,他正色道:"我受杨氏厚恩,纵使杨家无男有女,也应立其为王,再敢妄言者杀头!"于是迎立杨隆演之弟丹阳公杨溥为王。等到徐温死时,吴王赠给了他齐王的谥号,并命徐知诰都督军国之事。吴王杨溥在王位六年,又僭号称帝十一年,终于在天祚三年(937年)初为徐知诰所篡夺,号称让皇,不久郁郁而终,谥号为睿,吴国由此灭亡。吴国共历四世,前后四十六年,称帝十一年。

2. 词人李煜

徐知诰废吴帝杨溥后,自立为帝,初立国号大齐,后改为唐,复姓李,易名昪(biàn),建都于金陵,这就是历史上的南唐。南唐皇帝李昪,字正伦,是唐太宗之子吴王李恪的后代。他出身本来微贱,父亲李荣又早死,成长于幼年丧父的落魄境遇中,后流落于濠泗一带,杨行密遇见了他,认为他相貌不俗,便嘱托部将徐温收留他做了养子。长大后,身高七尺,宽额高鼻,

李煜像

气宇轩昂，为人好学，性情温厚且富有谋略。篡取帝位后，追尊养父徐温为忠武皇帝，赠庙号为义祖，设唐七庙以供奉祀。在位六年间，勤俭爱民，兴利除弊，晚年信奉长生道术，因服用方士丹药，中毒后背部疽发而死，庙号唐烈祖，由其长子李璟继位。

李璟性格温良柔顺，喜欢舞文弄墨，看好顺承自己的人，于是谄谀之臣日益兴盛，政事日趋混乱。后来相继兴兵攻克建州、湖南，兼并殷、楚两国，更加骄横不羁，萌生了吞并天下的企图，派遣使臣与契丹及北汉通好，相约共图中原。周世宗柴荣率兵征伐南唐，唐兵大败，李璟被迫削去帝号，尽献淮南江北之地给后周，划江为界，并向后周奉表称臣。唐王李璟在帝位十九年，削去帝号后又做了四年国主，迁都豫章，因国土衰微，忧虑成疾而死，庙号唐元宗，古史上又称他为南唐中主。当时李璟之子李煜留在建康，便即位做了国主，世称南唐后主。

李煜笃信佛法，取宫中金钱，招募僧人，都内收容万名僧众，均由官府供养。后主及后妃均穿僧衣，诵佛经，除了跪拜佛祖之外，更无任何嗜好。此时宋朝已经建立，宋太祖赵匡胤闻知此事，便选派一位能言善辩的少年，扮作僧人，南渡去见后主，与之论说生命价值，后主果然深信不疑，称这位少年为一佛出世，从此再也不以治国守边为务。宋朝派遣曹彬率大军进攻江南，李煜却仍旧引领一班僧人道士终日诵经于后宫苑囿，等宋朝大军驻兵城下多日，李煜犹自未知。等他得知后，才派使者命都虞侯朱令赟率上江之兵来增援，派吏部尚书徐铉等人献上本土珍奇，上表祈求宋朝退兵。徐铉告诉宋朝皇帝说："李煜无罪，他以小的事奉大的,犹如儿子侍奉父亲,怎么还要遭到征伐呢?"反复不休的论辩,惹起宋帝的恼怒。宋太祖愤恨地问:"江南哪里又有什么罪过呢?只是我要令天下归为一家,卧榻之旁,岂容他人鼾睡!"徐铉闻言,惶恐而归。

  唐将朱令赟前来增援,号称五十万大军,沿江顺流而下,却不堪曹彬一击,朱令赟也被生擒,金陵孤城形势更加危急。有一天眼看城墙将被攻破,曹彬却突然称病不能视事,部将们都来问病,曹彬对众人说:"我的病不是任何药物所能治愈的,只需诸君真心发誓,于攻克金陵之日,不妄杀一人,那么我的病也就自然会痊愈了。"诸将全体允诺,一起焚香起誓。曹彬立即宣称病体痊愈,回师攻克昇州,后主李煜率其臣僚亲到军门请罪,曹彬安慰他们一番,待以上宾之礼,请李煜返宫制作还俗服装。李煜做完服装后,与其宰相汤悦等共四十五人,一起赶赴汴京,正式归降于宋朝。公元975年,在位十九年的李煜最终投降了宋朝,南唐遂告灭亡。南唐经历三主,共三十九年。

3. 闽殷五十年

  当时被南唐灭掉的国家中,有一个闽国,也叫殷国。唐僖宗李儇在位时,寿州有位屠夫叫王绪,与其妹夫刘行全聚众五百,起而作乱,占据本州后,又攻陷光州,并发展成万余人的势力。时任蔡州节度使的秦宗权,上表奏封王绪为光州刺史。光州下属的固始县,有个佐史名王潮,他和弟弟王审邦(guī)、王审知都以才能而著名,王绪就命王潮做军正,并信任和重用他。这时黄巢起义已被平息，秦宗权向光州刺史王绪索要租赋，王绪交纳不上，秦宗权盛怒之下发兵来讨，王绪慌恐无计，被迫悉率光、寿二州兵马渡江避让，转而攻掠江、洪、虔州，然后乘胜攻陷汀漳州，可是这些州地均无法屯扎驻防，只得移师他往。

行军途中，王绪以漳州道险粮少为由，下令军中不得携带老弱随队，众皆服从，只有王潮兄弟继续携扶着母亲，因而受到王绪斥责。王潮兄弟争辩道："人人都有母亲，天下没有无母之人。将军您怎么能让人抛弃他们的母亲呢？"王绪更加愤怒，下令斩杀王母。王潮等怒道："我们兄弟侍奉母亲就像侍奉将军您一样忠心不二，现在既然要杀掉母亲，还怎能用她的儿子？请先把我们杀死好了！"其他将士也为之求情，王绪只好饶过他们。有个能观天象的人对王绪说："军中有王者气象。"于是王绪把军中素有勇略、身材魁梧的将士挑选出来，全部杀死，连当初与其一同起事的刘行全也未能幸免，搞得人人自危。

军队到了南安，王潮买通前锋将，命勇士暗伏于竹林之中，将王绪当场擒于马上，反绑示众。前锋将推举王潮为将军，率军返回光州，所过之处秋毫无犯，不久夺取泉州，派使者前往观察使秦岩处称降。秦岩奏准朝廷，任命王潮为泉州刺史。王潮智勇双全，招纳帮助离散无靠之人，平均赋税，整饬军事，吏民心悦诚服。秦岩病卒后，王潮受命为观察使。公元893年，福州升格为威武军，命王潮为节度使。过了一年，王潮死，其弟王审知被奏封威武留后，朝廷因而任命了他。王审知外貌魁伟，高鼻方口，常骑白马，军中将士都称他为白马三郎。后梁篡位之后,于九〇九年封王审知为闽王。王审知持国俭朴,放宽刑罚,减轻赋税,礼贤下士,境内由此得以安定。王审知在位二十九年死。

其子王延翰继承王位,骄横恣肆,残暴异常,自称为大闽国王,命其弟王延钧为泉州刺史,义弟王延禀为建州刺史,并令他们由民间挑选美女。两个弟弟都不赞成选美之举,兄弟间由此形成裂痕。两兄弟联合进攻福州,杀死在位仅仅一年的王延翰。众人推举王延钧为留后,改名为王璘。

王璘喜仙乐道,大兴宫殿,因费用不足,命薛文杰为国计使,专为筹措。薛文杰是个趋炎附势、巧于谄媚之徒,他暗做手脚,专治富户之罪,借此籍没人家的财产,被拘捕入官者,遍体鳞伤后,仍要用铜斗加以熨烫,引起国人痛恨。后来由于太后和长子的一再恳求,王璘才处死了薛文杰。王璘的王后陈金凤喜好淫乐,所奏乐曲极其美妙动听,深受王璘宠爱,后来由于同近臣归守明、李可殷等私通,遭到臣民鄙夷。有一次王璘病重,长子王继鹏与皇城使李椒借机杀了李可殷。王璘撑着病体上朝,追究李可殷死因,李椒深恐事情败露,便率部下鼓噪入宫,杀死王璘,又诛杀了陈王后。王璘在位九年,又称皇帝三年而被杀。

王继鹏自立为帝,改名昶,继位后骄纵恣肆,聚敛财富,赏识方士,扩充宫室,而且忌杀宗族,在位三年,被其叔父王延义杀掉并取而代之。王延义更名为王曦,骄横而残暴,每每乘酒醉滥杀无辜,连旧日宗族功臣也都相继被他诛杀,在位六年,被朱文进杀掉后篡位。这时王审知的儿子王延政，已在建州割据称帝，改国号为殷。等到南唐大将查文徽奏请攻殷时，南唐主派查文徽督师南下，殷帝王延政便命人前往福州传播谣言说："南唐出兵帮我们殷国讨伐逆臣，大军眼下就要到了！"福州人慌恐不堪，于是杀掉朱文进，归降于王延政。南唐与闽交兵，双方相持不下，查文徽请求国王派兵增援，唐主派将军祖全恩率兵合击，闽国大败。南唐军占领镡州后，乘胜攻取建州。殷王延政被迫降唐，时已僭位三年。此后汀、泉、漳等州相继投降南唐，至公元945年，闽国宣告灭亡。闽国共传位七次，历四主，五十年，其中称帝二十年。

4. 南唐灭楚

当时同被南唐所灭的，还有淮南，也叫楚国。唐僖宗在位时，秦宗权与杨行密争夺扬州，马殷与刘建锋等同为秦宗权的部将，他们协助另一个部将孙儒进攻杨行密，失败后三人收拾残兵七千余人，退往洪州，推刘建锋为主帅。进入江西后，军队发展到十余万人，诛灭武安节度使邓处纳，自称为留后。刘建锋得志后，终日嗜酒如命，不问政事。手下长直兵陈瞻的妻子长得貌美，刘建锋就将其据为己有。陈瞻怒杀刘建锋，事后自己也被刘的部将杀死。马殷曾协同刘建锋一道领兵征战，受到将士们拥戴，被推举为留后。乾宁三年（896年），唐昭宗又命马殷做了湖南节度使。马殷苦心经营兵马，夺取湖南全部地盘，节度湖南二十一年，晚年建立楚国，在位四年而死，遗命诸子兄弟按年龄

马希萼弑宫

长幼相继即位。

马殷死后,儿子马希声继位,在位两年而死,王位又传给了他的弟弟马希范。马希范纵情声色,不分内外之别,彻夜长饮,并扩建宫室,挑选美女,率子弟僚属游嬉其间,在位十五年后,由其弟马希广继位。马希广在位三年,懦弱无能,无法主事,其庶兄马希萼乘隙来争王位。马希广不忍心杀庶兄,反而被其兄马希萼杀掉。

马希萼篡位一年,总凭旧日恩怨,滥杀无辜,纵酒荒淫,而将军国大事全部托付于庶弟马希崇管理。马希崇做事总凭个人好恶,导致政刑紊乱,军民人人怨愤。指挥使徐威等人发动兵变,废掉马希萼而立马希崇为王。由于马希萼曾在早年得罪过衡山人彭师暠,马希崇为王后就故意把马希萼发配到衡山囚禁,实际上是想借衡山人之手杀掉他,然而彭师暠(hào)却忠诚地拥戴马希萼,发展起万余人的势力,立马希萼为衡山王。与此同时,马希崇却终日纵酒淫乐,命妇女裸身相侍,处理朝政不公,出语骄蛮狂妄,引起臣民不满。徐威等人对此十分忧虑,于是秘密奏请南唐发兵攻楚。公元951年,南唐王命边镐率兵伐楚,马希崇、马希萼全都投降,楚国由此灭亡。楚国共传位六次,历时五十六年,其中建国称王达四十五年。

南唐平定湖南后,把当地的金帛、美女、仓粟、亭馆、花果之类全部掠往金陵,并派遣郎中杨继勋等前往征收租赋,专事苛刻,令湖南人大失所望。南汉主刘晟派兵争夺岭南土地,大败唐军。原楚国辰州刺史王逵,乘机迎立刘言为主帅,击败南唐军,收复了马氏在岭北的全部地区，只有郴、连二州被南汉吞并。刘言上奏后周，请求投降，得到后周许可，并被任命为武平节度使。刘言在任二年，王逵听从周行逢、张文表的劝告，杀刘言并取而代之，奏请后周封自己为节度使，也获得了后周的认可。

后周主柴荣亲率大军征伐南唐，命王逵进攻南唐的鄂州。王逵率兵路经岳州，受到团练使潘叔嗣的殷勤款待。王逵及其将卒贪婪无厌，遭潘叔嗣率部袭击而败亡，在位共二年。潘叔嗣迎立周行逢为武平留后，周行逢诱捕潘叔嗣，历数其罪状后斩杀了他。后周命周行逢为武平节度使。在任第七年，周行逢病危，临终前劝其子周保权道："我死后张文表必然作乱。万不得已时，你要带全家入朝，以免陷于虎口。"

周行逢死后，张文表果然作乱，周保权便请求宋朝出兵，宋太祖派兵前往。周保权借宋兵之力诛灭了张文表，而所部牙将张从富却挟持周保权以抗宋，结果被宋军击败。宋军杀死张从富，将周保权押回。获释后的周保权被任作卫将军，不久又升为羽林将军，晚年得以善终。湘湖一带全部平息，自刘言至周保权，共历十三年而消亡。

5. 卧木摇纸

此外还有一个吴越国。唐僖宗在位时，王郢叛乱，劫掠浙江、福建等地，攻陷明州、台州，大肆杀掠，生灵涂炭。叛贼平定后，临安人董昌，因率民团平叛有功，升补石镜镇将。钱镠（liú），字具美，临安人，少为乡里无赖，以贩私盐为业。有个精通天象的术士，曾观察出斗、牛二星之间有王气，通过测算，发现是在临安，便隐居临安市中，以相面之术暗中访求他要找的未来的天子。后来这位术士结交县里的录事钟起善，私下将事情告诉了钟起善，让他置备酒筵，把县中豪杰之士全部请去赴会。席间术士遍观所有的人，却没有一个具有王气的。有一天碰巧赶上术士来钟家，钱镠也正好从外归来，术士见后心中暗惊："这可是个真正的贵人啊！"便对钟起善说："你未来的富贵，将借助于此人。"

在此以前，钟家诸子常随钱镠饮酒博戏，钟起善往往加以阻止，自从听了术士的话后，放纵了诸子与钱镠的交往，并且时常借钱给钱镠，以解其穷困的境况。钱镠擅长射箭和长矛，以骁勇而闻名，从董昌有功，升做都知兵马使。当时王仙芝与黄巢的余党侵掠江淮两浙一带，唯独惧怕董昌和钱镠两人，不敢进犯临安。淮南节度使高骈知道后表彰他们，并请他们参与讨伐叛贼。钱镠看出高骈并无平叛之心，就劝董昌辞去。董昌由石镜率兵入据杭州，镇海节度使周宝无法制御，只好奏准朝廷，任命董昌为杭州刺史。此时中书令王铎的部将刘汉宏占据浙东，企图吞并江西。董昌就对钱镠说："你能夺取越州，我就把杭州交付给你。"钱镠击败浙东军，攻克越州，即现在的绍兴府，刘汉宏败逃，被台州刺史杜雄擒获后移送董昌处斩首，于是董昌迁镇越州，把杭州府交给钱镠执掌。后来镇海节度使周宝被其部下刘浩、薛朗等人逐出，钱镠出兵平定了他们，并先后攻占常州、润州（即现在的镇江府）和苏州。

景福二年（893年），唐昭宗任命钱镠为镇海节度使，董昌为浙东威胜节度使。董昌请求封自己为越王，未获朝廷许可，便自称为帝，号大越罗平，让手下人称自己为圣人。钱镠写信给董昌说："与其闭门称天子，陷九族百姓于涂炭，倒不如开门做节度使，落个终身富贵。现在改悔，还来得及。"董昌不听其言，钱镠率兵来到越州城下。董昌虽败，仍固守越州。钱镠攻破州城，斩杀董昌，将其首级传往京城，朝廷遂命钱镠兼任镇海、威胜两节度使。在苏南、两浙一带形成割据势力的钱镠，又相继攻占了淮南的松江、无锡、常熟、华亭、湖州等地，夺取严州、金华和衢（qú）州。朱温篡唐建立后梁，改元开平，封钱镠为吴越王，由此始建吴越国，典章机构的名称，大多等同于天子之制，只不过没有改元称帝而已。后来吴越同吴国为争夺常州，在无锡开战，被吴国打败，吴越将领何逢也临阵被杀，死亡万人。钱镠见了何逢生还的战马，十分悲痛，将士们见状很受感动，都从内心里敬佩钱镠。

钱镠自幼从军，夜间从不睡觉，特别疲倦时就卧枕于圆木小枕上，即使睡得再熟，也会因为小枕的倾斜而醒悟，因而命名为警枕。他常把一个粉盘放在卧室内，有所记录便写在盘中。有时睡意正酣，室外有奏报事情的人，只要让侍女摇纸作响，就能把他唤醒。钱镠在位时，善于奉事北方朝廷，最初与吴国争夺土地，后又与吴国联合，境内得以安定自保。他任节度使三十年，在建立吴越国十年后死。

6. 王座迁东府

钱镠死后由其次子钱传镠继位，改名元瓘（guàn），抚慰将帅，和好兄弟，境内安定，在位九年而死，传位于儿子钱弘佐。钱弘佐喜欢读书，礼贤下士，躬勤政事，择优除奸，任何人也欺骗不了他，在位六年而死，王位由其弟钱弘倧继承。钱弘倧性情刚烈严厉，为大将胡进思所不容。胡进思废掉钱弘倧，改立弘倧弟钱弘俶为王。钱弘俶对胡进思说："你能保全我哥哥的性命，我才愿承命为王。"得到胡进思答允后，钱弘俶为王，派兵护卫钱弘倧。胡进思屡次想杀钱弘倧，均由钱弘俶出面阻止而不能遂愿。胡进思最终忧愤而死。钱弘俶又把钱弘倧迁往东府，并为其修筑宫室，建立园囿，供奉非常丰厚，使他颐养天年。

钱弘俶派使者向宋朝进贡，宋太祖对他说："江南倔强不来朝贡，我将兴兵讨伐它。元帅你不要为别人的谣言所迷惑，你应当出兵助我。"并密告以出兵日期。吴越王钱弘俶听从宋朝盼咐，率兵五万，攻取常州。江南主写信告诫钱弘俶："今日无我，明日哪还有你！一旦宋朝天子易地酬勋，大王你也将沦为大梁城里一位布衣百姓。"钱弘俶不予回复，反将书信上交给宋朝，受到宋太祖下诏褒奖。

南唐被宋灭亡，吴越王钱弘俶恐惧不安，宋太祖亦令使者传话，想召见钱弘俶。钱弘俶偕妻孙氏、子惟濬、孙承佑前来朝拜，受到宋太祖的隆重接待，并选大宅令其居住，亲自设宴款待，给予丰厚的赏赐，特准其佩剑著履上殿，上书言事不用具名，还命他与皇弟晋王赵匡义结拜为兄弟，封其妻孙氏为

钱弘俶归宋

王妃，留居两月后遣送回国。临别之际，太祖赐给他一个封闭很严的黄包袱，并告诫他："在途中秘密观看。"途中打开，则发现全是群臣请求挽留钱弘俶本人的奏章，令他更加感佩惶恐。回国视事时，他命人将王座迁至大殿东角，对臣下说："西北方是神圣的帝京所在之处，距离再远亦如咫尺，天威不可触犯，我岂敢安居正席？"每次奏事上贡，都先陈列于庭堂，焚香再拜而后遣发。

到宋太宗赵匡义当政的第三年（978年），吴越王钱弘俶入宋朝拜，但在请求回国时未获恩准。吴越大臣崔仁冀进言："朝廷的意图已很明白了！大王若再不快将国土献上，灾难就会马上降临。"钱弘俶便把吴越境内十三州一百八十六县全部献于宋朝，宋太宗在崇元殿接受了这些国土。钱弘俶朝拜归来，手下将佐才开始忧虑起来，均恸哭道："我们的国王再也不能为王了！"钱弘俶在位三十年，吴越消亡，退位后十年而死，死后被宋太宗谥封为王，子孙辈都做了高官，七个儿子也全都得以显贵。吴越国共历五世，七十二年，其间建国达五十六年。

7. 前蜀后蜀

此外，十国中还有前蜀和后蜀。前蜀的历史是这样的：唐僖宗时，有个舞阳人名叫王建，宽额头，大眼睛，形貌雄伟，少时无赖，以屠牛盗驴贩私盐为业，乡人称之为"贼王八"，后被宦官田令孜收为养子，拜封为卫将军。唐僖宗为黄巢军所逼，由凤翔逃奔兴元时，命王建为清道使，并令其保管玺印，侍奉左右。

到大散关时，凤翔守将李昌符已将栈道焚毁。王建为僖宗牵马，在浓烟中蹈火过关。夜间住宿于山坡之下，僖宗疲乏不堪，枕着王建的腿就睡着了，醒来后感动得流下了热泪，亲解御衣赐予王建。到了田令孜失势以后，王建以田令孜党羽的缘故，出任四川和州刺史。他骁勇善战，知人善任，听言纳谏，将士们都愿意为他所用。他招募溪洞地方的头领豪杰，建立八千人的武装，攻袭阆（làng）州，驱逐杨茂实，而后进攻西川节度使陈敬瑄，且上书朝廷，罗列陈敬瑄的罪状，以便讨平西川取而代之。大顺二年（891年），朝廷下诏削去陈敬瑄官爵，改任王建为西川节度使。王建攻占成都，诛杀陈敬瑄。不久，又攻杀梓州的顾彦晖，兼并东川之地。便派使者朝拜纳贡，与权臣朱全忠表示友好。后来朱全忠篡位自立，王建传檄各地，想与歧晋合力兴复唐朝，因无人响应，便自立为帝，史称前蜀。

建国之初，有功名的将领大多被王建借故诛杀，太子也因作乱而被卫兵杀死，遂将幼子王宗衍立为太子。蜀主王建晚年昏聩，在任节度使十七年、称帝十年而死。继承帝位的幼子王宗衍，奢侈无度，终日与徐太后、徐太妃游宴于贵臣之家，逍遥于左近名山之中，花费不可胜数，又强取民间女子，纳于宫中，太后、太妃亦各有宠爱。每次卖官，都要在众多求官者中拣贿赂多的授给。

王宗衍有个宠姬姓徐，别号花蕊夫人，姿色艳丽，以淫乱而闻名。他常喜欢微服出行，酒肆娼家，无所不到，并以韩昭、潘在迎等为狎客，与宫女杂坐一起，百般淫谑，无所不为。王承休的妻子严氏极其漂亮，便被王宗衍据为己有。由于秦州一带多美女，王宗衍又封王承休为鲁国公、天雄节度使，命其赴秦州挑选美女。王承休强夺民间美女，教以歌舞，将府署改建为行宫，请王宗衍观赏。后王宗衍领兵离开成都，后唐主李存勖派其子李继岌与郭崇韬攻蜀。蜀国武兴节度使王承捷通报唐主西进的消息，王宗衍为了与王承休之妻相会，并观看女戏，不以外敌入侵为意，致使王承捷无力拒敌，遂率凤、兴、文、扶四州降唐。王宗衍到达利州，遇见败逃的士卒，方信唐兵入侵之事，本想集兵抗击，却遭将士怨愤，不肯出战，遂告投降，前蜀灭亡。前蜀共历二世，三十五年，其间称帝十七年。

　　王宗衍降唐后，全家均为后唐主所杀。次年，后唐大将郭崇韬遭宦始谗害而被杀，便以董璋为东川节度使，以孟知祥为西川节度使。孟知祥于公元934年割据蜀地，称帝建国，史称后蜀。孟知祥，邢州龙冈（今北直顺德府邢台县）人，做节度使后，减免赋税，安抚流散人员，颁行宽松和谐的政令，给百姓以休养生息的机会，由此也暗暗存有割据蜀地之意，扩充军备，检视库中铠甲，达二十万件，建置左右牙军十六营。后唐明宗李嗣源在位时，东川节度使董璋反叛，孟知祥与其同反。后唐遣大将石敬瑭领军攻剑州，猛攻不克，回师屯扎在剑门，后因粮草不继，被迫烧营北归。董璋与众将计议，准备取西川成都，反被孟知祥击败，乘胜追至梓州，破城后杀死董璋，因此吞并东川之地。孟知祥上书后唐谢罪，受封为蜀王，不久称帝于成都。孟知祥任节度使九年，僭称帝号一年而死，其子孟仁赞继位，改名昶。孟昶终

孟昶众叛亲离

日荒淫奢靡,密遣暗探赵彦韬带蜡书出蜀,企图勾结北汉夹击宋朝,而赵彦韬把蜡书暗中献给宋朝。宋太祖得此秘报,便有了伐蜀的借口,派文斌为大将,与刘光义、崔彦进、王仁瞻、曹彬等率兵六万,分两路攻蜀,蜀军大败。蜀主孟昶奉表投降,他在位三十二年。宋太祖命吕余庆为成都府知事,后蜀遂告灭亡。后蜀共历二世,四十一年,其间称帝三十三年。

8. 花蕊夫人

当初徐匡璋将女儿嫁于孟昶,受封为贵妃,别号花蕊夫人,意思是用花儿不足以喻其美,好似花蕊般轻盈美妙。花蕊夫人与孟昶极为相爱。宋军灭蜀,宋太祖听说花蕊夫人之名,就命别将把她护送入宫,纳为妃子。由于孟昶仪表不凡,善于打猎和弹唱,花蕊夫人心中时常忆念起他,愁闷而不敢言,于是自己动手画了一幅孟昶像加以膜拜供奉,并骗别人说:"祭祀此神的可以多子。"有一天宋太祖看到画像后问其缘故,夫人也以前述谎言来遮掩,为避讳其姓,遂假托为张仙。自此后世求子的人大都祭奉张仙,且迄今不改。

9. "生地狱"与"媚猪"

此外还有南汉。起初,上蔡人刘安仁,经商来到南海,在当地安了家,其子刘谦由广州牙将擢升为封州刺史,即今广东肇庆封川县。刘谦死,子刘隐守丧。遇当地土族百余人预谋作乱,刘隐一夜之间将他们全部消灭,因此而被岭南节度使刘崇龟奏封为封州刺史。在刺史任内，刘隐又将另一批乱贼全数擒斩。唐昭宗时，刘隐以重金贿赂、结好朱全忠，被朱全忠奏封为清海节度使，后屡次晋爵为海南王，历十一年而卒。庶弟刘岩继立，以为中原王朝内乱纷纷，天下尚且无法安定，哪还虑及未来？遂于公元917年称帝，改名刘龑（yǎn）。刘龑穷奢极欲，宫殿华丽，所有器用均以金银珠翠为饰；用刑残酷，有灌鼻、割舌、肢解、剔剥、炮炙、烹蒸等刑罚，有时在水中聚养毒蛇，把犯人投入水中，称之为水狱。晚年更加多疑，猜忌臣下，专宠宦官，使宦官势力壮大。任节度使六年，后称帝二十六年而死。刘龑死后，子弘度继位，改名玢。刘玢喜好奢侈，不理政事，作乐酣饮，令男女裸体观赏，手下有违背其意的必死无疑，于是满朝没有敢于进谏的人，在位仅一年，就被其弟晋王刘弘熙杀死并取而代之。弘熙改名刘晟，将所有兄弟及其儿子全部杀戮，而把兄弟们家中的女子全部掠走，充入其后宫，建离宫千余间，以珠宝装饰，设镬（huò）汤、刀山、锯杵等酷刑，号为生地狱。命宫人卢琼山、黄琼芝等人为女侍中，朝服冠带，参决政事。宗室勋旧反被诛戮，只有宦官林延遇等获得重用。

刘晟在位十五年，死后由儿子继兴继位，改名刘𬬮（chǎng），时年十六岁。刘𬬮认为，群臣都有家室，由于顾念子孙而不尽忠朝廷，只有宦官们可以信任。于是军国重事都听任女侍中卢琼仙及宦官袭澄枢等人决断，凡群臣中有才能者以及状元进士，均须先下蚕室施以阉割，然后方可升迁。有位状元听说后非常恐惧，辞官出逃，等他回到家中，却发现阉割他的人已在门口等候。状元请求先与夫人儿子告别，获准于三昼夜之后阉割。三日后，即在其家中动了阉术。

刘铱曾得到一个波斯女人，体态丰腴，妖艳善淫，弹词唱曲极尽其妙。刘铱十分宠爱此女，并给她赐号为媚猪。刘铱喜欢观看男女交合，挑选恶少，与宫中雏女相配，令其于后园脱衣露体而交，自己则挽扶媚猪巡行其侧，观看他人交接之势，称之为大体双。若见女子号叫躲避则大喜，而见男子心力不支，则用鞭抽打，另外还择美男子与媚猪交接。此番情景，即使鸟兽看见了，也会仿效作合。

公元970年，刘铱举兵侵宋，宋太宗命潘美为主将，尹从珂为副将，率军大举进攻南汉。南汉都统李承渥屯兵十万于莲花峰下，列大象阵迎击宋军。潘美调集强弩劲射，大象调头奔逃，乘象兵士纷纷坠地，反而践踏了南汉自己的军队，汉军大败，李承渥仅幸免一死。宋军攻下韶州，又连连攻克英、雄二州，迅速逼近陇头，汉主刘铱十分惧怕。次年，宋军直进广州，刘铱焚毁府库宫殿，在战逃两难的情况下，只好向宋军投降，南汉遂告灭亡。南汉共历四世，六十八年，其中称帝五十五年。

10. 潘美与杨业

最后一个小国是北汉。北汉起源于后汉高祖刘知远的从弟刘崇。刘崇，太原人，浓眉大眼，气宇轩昂，少为无赖，嗜酒好赌，曾被刺字为卒。刘知远为河东节度使时，任他为都指挥使。后汉建立，改任太原留守。后汉隐帝刘承祐继位，刘崇被任为节

杨忠愍像

度使，于是招纳豪杰，募民为兵。后来郭威杀隐帝，刘崇本想起兵讨伐，却见郭威立他的儿子刘赟为汉帝，于是高兴地说："我儿子做了皇帝了！"遂不出兵。等到郭威自立为帝，废刘赟为湘阴公时，刘崇派使者请求把刘赟迎归晋阳。后周主郭威答复说："湘阴公在宋州候驾，现在正好可以接他回去，且一定会使他称心如意，您不必为他担忧。"公元951年，郭威杀刘赟，刘崇随即在晋阳称帝，史称北汉。

北汉所辖，仅有并、代、宪、隆、忻、岚、汾、沁、辽、蔚、麟、石十二州之地，宰相的薪俸，也不过每月百缗（mín）铜钱，节度使则月薪二十缗，其他官员只是微薄的薪俸而已。刘崇对部将们说："我以为高祖创下的基业，已于一朝坠地，今日的位号，是不得已而为之。我算何等天子，而你们又算何等节度使呢？"遂遣使通好契丹，自称"侄皇帝"，被辽穆宗册封为大汉神武皇帝，改名刘旻（mín）。北汉土地瘠薄，人民贫困，又要内供军国，外奉契丹，导致赋役繁重，民不聊生。后得知周太祖郭威去世，北汉主刘旻十分高兴，乞请契丹合攻后周，在高平之南交战，被周世宗柴荣大败而还。周世宗乘胜伐北汉，也同样无功而返。刘旻称帝六年而死，子承钧继位，改名刘钧。

刘钧性情柔顺谨慎，即位后勤于政事，爱民礼士，境内稍微安宁。他向契丹上表称子，被契丹号为儿皇帝。当初，北汉世祖刘旻之女嫁给薛钊，生子名继恩，后改嫁何氏，又生子名继元，此二子均幼年丧父，世祖便以刘钧无子，命其收养。刘钧在位十一年死，养子继恩即位，刚两月即被供奉官侯霸荣所杀，宰相郭无为又派人杀侯霸荣，改立继恩之弟继元为帝。继元也是刘钧的养子，也就是何氏的儿子，性情极为残暴，世祖的十余个儿子，都被他杀掉。宋太祖亲征北汉，围太原城，结果无功而返。

当初，宋太祖曾微服出访，雪夜来到宰相赵普家中，与赵普共谋削平北汉的策略。赵普说："太原是守卫西北两面的屏障，若攻克太原，则西北二方的边患，将由我国独自承担，不如等削平诸国后再来对付北汉。北汉蜷缩于太原那块弹丸之地，还能往哪里逃呢？"宋太祖采纳此言，所以虽连年攻伐，击败辽军，而往往逼近太原城下却又退兵不攻，大概就是由于北汉依仗辽国作为后盾，宋太祖只是为了让其诱使辽国出援，疲于奔命，然后将两国一并消灭。因此，宋太祖不灭北汉，是一种用兵之计，并不是力量不足。宋太宗太平兴国四年（979年），任命潘美为大将，统领崔彦进、李汉琼等六员战将，率兵进攻北汉。宋太宗又下诏亲征，分路围击，迫使北汉求救于契丹。辽景宗耶律贤派耶律沙率兵救汉，与宋军战于白马岭下，辽军大败。宋朝大军乘胜包围太原，攻势甚猛。在位十二年之久的刘继元，内外交困，只好奉表降宋，被宋太宗封为彭城郡公。北汉灭亡。共历四世，二十九年。

北汉主刘钧有位义子名叫刘继业，是北汉有名的将领。他骁勇异常，忠于北汉，杀死过不少宋军。宋太宗派刘继元招降他，并让他取消北汉的赐姓，恢复杨姓，改名业，继续领兵屯守边境，后成为抗辽名将，号称杨无敌。后来王侁（shēn）强令其率兵攻辽，兵败被俘，绝食而死。他就是后世传说的杨家将故事中的杨老令公。杨业有子杨延昭，延昭有子杨文广，文广有子杨贵迁，据有播州之地，任播州宣慰使，相沿至明代万历年间才消亡。

11. 无赖国王

此外还有一个小国叫南平（或称荆南）。起初，河南陕州硖石人高季昌，年幼时为汴州富豪李让的家童。唐昭宗时，朱全忠任宣武节度使。李让贿赂朱全忠，被收为养子，改其姓氏，取名为朱有让。高季昌借朱有让之势，渐获升迁。朱全忠见到高季昌，很欣赏他的才能，便命朱有让收其为养子，并擢任为指挥使。后来梁兵进攻凤翔，节度使李茂贞坚守不出，高季昌设计诱败，由此声名大振。后梁建立，拜高季昌为荆南节度使。高季昌到任时，但见城邑残毁，人口稀少，便着手安集流散人口，让百姓都恢复旧业，渐渐萌发割据荆南之志，修造战船五百艘，沿城筑壕，整理器械，招聚流亡人口充实兵源，发展与吴蜀的关系，摆脱后梁的控制。梁封高季昌为渤海王，高季昌却又投靠后唐，改名季兴，同光二年（924年）被后唐改封为南平王。后唐魏王李继岌率兵灭前蜀，归途押送蜀货四十万，顺江而下，被高季兴杀死并掠走货物。后唐主诘问此事，高季兴答说应去询问水神，唐主大怒，出兵讨伐，后因内乱无功而返。高季兴在任二十二年死，其子高从诲继位。

高从诲禀性明达，礼贤下士，把政事委任给贤臣梁震，并将梁震当作亲哥哥来对待，自己则钻研经史，减缓刑罚，降低赋税,境内得以安定。荆南介于湖南、岭南、福建之间,地狭兵弱,是十国中最为弱小的,自高季兴时就开始劫掠各方往来贡使和商旅,以维持其统治。等到受劫者传书诘责,或兴兵问罪时,迫不得已,只好把劫掠的财物归还人家,但却从不为此而惭愧。到高从诲在位时,后唐、后晋、契丹、后汉相继控制中原地区,而南汉、闽、吴、后蜀诸国均称帝号于一隅。高从诲为了获取周围各国的施舍,便奉表称臣于所有各国,因而受到各国鄙视,被称为高无赖。高从诲在位二十年,死后王位传给儿子高保融。高保融在位十二年死,从弟高保勖继位。高保勖当政二年而死,又将王位传给高保融之子高继冲。高继冲为王仅一年,宋太祖应湖南周行逢的请求,出兵讨伐张文表,乘便借道江陵,在接受高继冲酒肉犒劳的同时,仍然侵夺了荆南土地,高继冲只好以境内的一切,投降宋朝。宋太祖任命高继冲为武宁节度使。南平由此灭亡,共历四世,五十七年。

12. 杯酒释兵权

宋太祖姓赵名匡胤,涿郡(即今河北省涿州市)人。高祖赵朓,唐时任幽都令。曾祖赵珽,为唐御史中丞。祖父赵敬为涿州刺史。父亲赵弘殷,为后周检校司徒、岳州防御史。赵弘殷娶妻杜氏,在洛阳夹马营生下赵匡胤,当时红光满屋,营中飘溢异香,经一夜仍不消散,人们称之为香孩儿营。赵匡胤长大后,容貌奇伟,气度不凡,认识他的人都知道他不是个普通人。后来屡次升迁至殿前都指挥使,执掌后周军政,屡立奇功,成为军中众望所归的人物。周世宗柴荣曾在文书袋中发现过一段长三尺多的木简,上面写有"点检做天子"的字样。当时张永德担任殿前都点检,而世宗改命赵匡胤取代了他。柴荣死,子宗训即位,号恭帝,加封赵匡胤为检校太尉,领归德节度使。当时恭帝年幼,臣民担心他没有治国能力,有半数人内心拥戴赵匡胤。显德七年(960年),赵匡胤借率兵出战契丹之机,发动陈桥兵变,在士卒拥立下黄袍加身,遂取代后周,建立宋朝。

赵匡胤受命为帝之时正值五行的火运,因称火德王,定都汴京。建立七庙,分祭七位祖先。增加和修葺学宫,内塑先圣先贤像,并为孔子牌位亲书赞语,促进臣下好学风气。任范质、王溥为同平章事。范质等认为,自己作为后周旧臣,稍存以往形迹,且担心宋太祖明察秋毫的洞察力,于是请求废除宰相见天子议事时坐论之礼,改以札子进呈议事,亦即上书言事,取得皇帝旨意。太祖采纳了这一建议,后世用札子奏事即起源于此。昭义节度使李筠起兵与北汉联合攻宋,被宋朝击败,李筠自焚而死。淮南节度使李重进,在起兵叛宋时被宋击垮,也落了个自焚身亡的同样下场。宋太祖问赵普:"天下自唐末以来,数十年间,帝王共易八姓,在位君主也换了十三任,僭越之事接踵而至,战乱纷争经久不息,这是什么原因呢?"赵普答道:"这没有其他原因,只不过方镇权力过大,君弱臣强而已。应控制方镇手中的钱粮,收编他们的军队,这样天下就自然而然归于安定。"一席话使太祖茅塞顿开。

建隆二年(961年)秋的一天,太祖因晚朝准备了丰盛的筵席，宴请石守信等几名高级将领。席间，太祖令左右侍从退去，对在座诸将说："都是靠了你们，我才有今天。但做天子也很困难，倒不如做节度使快活。看到皇帝的位子，谁不愿坐呢？我没有一个晚上睡得安稳。"石守信等急问："陛下为何说这番话，现在天命已定，谁还敢有异心？"太祖回答说："你们固然没有异心，但你们的部下贪图富贵又怎么办？一旦把黄袍加在你们身上，你虽想不干，却也做不到了。"在座的将领们吓得满身大汗，涕泣叩头道："我们愚钝，一向考虑不到这些事，请求陛下体谅我们，给我们指出一条生路。"太祖接着说："人生如白驹过隙，所以为图富贵，不如多积金帛，厚自娱乐，使子孙不会贫乏。你们何不放弃兵权，到地方上去选买最好的田地、最华贵的宅第，替儿孙们多置备产业，自己也多置歌儿舞女，饮酒作乐，安享天年。这样君臣之间相安无事，不是件大好事吗？"石守信等叩谢道："陛下如此顾念我们，真是生死骨肉之交啊！"于是，第二天诸将都上表称病，乞求解除兵权，各人均获丰厚赏赐，只有石守信兼职如故，其实兵权已经不在其手了。

对那些各州的守官，宋太祖又用赵普的计策，有的因为身亡，有的因为升迁调动，全部由文官接任。同时规定各州及藩镇，有事独自上奏，不必再经过诸藩，于是节度使的权力日益削弱。命吕余庆参知政事，让百官分批入朝，指陈时政得失，遇有紧急情况，允许随时上章奏报。诏令举荐孝悌勤劳、有奇异本领及文才武略的人加以任用。

13. 太后遗命

有一天宋太祖上朝时，杜太后也在殿上，群臣叩见称贺，太后却郁郁不乐，身边随侍的人都很诧异，问其原因，太后说："我听说做皇帝是件困难的事，如果治理天下措施得当，那么他的地位就会受人尊崇；但若方法失当，要回头做个平民百姓也是难以做到的。"太祖听后惶恐，叩拜再三，恳请赐教。杜太后病危时，曾召赵普入宫受命。当时太后对太祖说："你知道这个天下是怎样得来的吗？"太祖说："都是祖宗和太后的功德。"太后说："不对。这是因为周世宗让幼儿主天下的缘故，才使你得以成为皇帝。如果后周有年长的君主，你哪能得到皇位！你百年后，应当传位给光义，光义传光美，光美再传给德昭。国家有年长的君主在位，是社稷的福气。"太祖表示一定遵从母教。太后又对赵普说："你同时记下我的遗言，不可违背。"赵普便当场在榻前记下这些话作为誓书，在末尾署道：臣赵普谨记。太后临终前，命将誓书藏入金匮，由谨慎可靠的宫人掌管。

14. 太祖仁治

建隆四年（963年），宋太祖派慕容延钊、李处耘率兵征伐南平，迫使南平国主高继冲及湖南的周保权投降，湘湖地区的割据局面遂告结束。乾德三年（965年），太祖又命王斌等进攻后蜀，蜀主孟昶投降。王全斌放纵部下在蜀地淫掠妇女，夺取财物，给当地人民造成苦难，引起民众的反抗。曹彬前往招慰，击败了反抗者，两川随即平定。在对蜀战争中，只有刘光义、刘廷让、廉谨、曹彬诸将能够严格约束部下，因而受到了皇帝的嘉奖。开宝三、四年间（970—971）太祖派潘美领兵攻南汉，占领广州，迫降南汉主刘𬬮，两广全部荡平。开宝八年（975年），太祖派遣使臣谕知江南国主李煜入宋朝拜，李煜不来，于是命曹彬统率十万大军进攻江南。出发之前，太祖告诫曹彬："江南之事，一切听任你来处置，切勿暴掠百姓，务求广布朝廷威信，让他们自愿归顺，不必急于用兵。"并授予曹彬一把尚方宝剑，指示他："副将以下，不服从命令的斩首！"潘美等人得知后，都为之失色。自从王全斌平蜀以来，杀死了好多人，太祖时常为此而怨恨王全斌。曹彬性情宽厚，受到太祖的信任和重用。曹彬攻克江南后，宋朝封江南主李煜为违命侯。当曹彬自江南率得胜之师还朝时，所乘舟中只载有随身的图书衣物，足见他秋毫无犯的风范。

此后，南方诸国相继被宋朝吞并，引起吴越国的恐惧，于是派使者入宋，行贿于宰相赵普。在此之前，宋太祖时常微服出行，且屡次走入赵普家秘密议事。这天正好太祖又一次驾临赵家，适逢吴越国使者刚到，向赵普献上书信及海物十瓶，放在厢房屋下，还未来得及打发使者离去，太祖已经进门，仓促间无暇退避。太祖看到礼物，问是何物，赵普只好据实回答。太祖说："海物一定很好。"当即命人打开，全是瓜子金。赵普惶恐不安，谢罪道："为臣尚未看信，确实不知原委！"太祖说："你收下吧。他们还以为国家大事，全都由你们这些书生们来操纵呢！"事后，赵普更加惴惴不安，向太祖请求辞官，并上书太祖，请他遵照杜太后的遗诏，传位给晋王赵光义。太祖亲手封存了赵普的奏疏，把它藏入宫中。

宋朝以开封府汴梁为都城，称为东京，以河南府洛阳为西京。建国之初，宋太祖曾驾临洛阳，封其父赵弘殷为宣祖，并为他兴建慕安陵，祭拜天地于京郊。都城里的年长者相互议论说："我们这代人从小就饱经战争离乱之苦，想不到今天还能看到太平和天子手下的仪仗和卫士！"有的长者甚至在说这些话时激动得流下了眼泪。太祖想以洛阳为都，群臣都来谏阻，但谁也改变不了太祖的主意。在晋王赵光义也提出反对意见之后，太祖说："若迁河南不成，我最终也会迁都长安。"赵光义问其为何非要迁都，太祖说："我要西迁，是为了占据山河形胜，借以裁汰多余的兵员。"赵光义说："国家强盛与否，在于实行德政，而不在于占据险要地势。"后经赵光义极力陈请，太祖还是听从了他的建议，迁回到汴京，但临行却慨叹道："不出百年，天下民力将被消耗干净。"

五星聚集于奎宿。窦俨说："天下自此太平，文明自此日盛！"宋太祖平日喜爱赵光义，多次到赵光义的府第，对赵光义一家恩宠甚厚。有一次赵光义生病，太祖亲手为他灸烧艾草调治，赵光义觉痛，太祖亦取艾自灼，以分其痛。这段灼艾分痛的美谈，遂被后世用来比喻兄弟间的手足之情。太祖原配夫人贺氏早死，继娶王氏、宋氏。宋氏想立皇子德芳为帝。开宝九年（976年）十月十四日夜间，天下大雪，太祖召晋王赵光义入宫，嘱托后事。屏退所有宦官宫女，不让侍从们接近，远远看去，但见烛光下，晋王时而离席，似有逊避退让之状，继而太祖抓起玉斧戳在地上，吃力地喊道："好自为之！"过了一会儿，太祖去世，在位十七年，享年五十岁。

宋太祖一生仁孝豁达，质朴自然，不事矫饰，宫中所用苇帘，边上都用青布包缝，连日常所穿的衣服，也是洗得发白的旧装，性情恬淡凝重，行事严密谨慎，平素少言寡语，唯一的爱好就是读书，即使身在军中，也仍旧手不释卷，凡听说别人手中有奇书，总要不吝千金去购买。太祖曾阅读《尚书》的《尧典》和《舜典》，感叹地说："尧舜的时代，四个不服控制的部族首领犯了那么大的罪，也只不过遭受了流放之苦，为什么近世的法网如此严苛呢？"于是在法律条文中规定，体罚不行于殿堂，辱骂不及于公卿，臣下除谋反外，不得诛戮。因此臣下们得以有为，而忠君爱国之心，也就油然而生了。

15. 太宗伐辽

宋太祖死后，他的弟弟晋王赵光义继位，改名炅，这就是宋太宗。太平兴国三年（978年），吴越王钱弘俶前来朝见，太宗留下他不让回国。钱弘俶心里害怕，把自己的国土全部献给了宋朝，被宋太宗封为淮海王，南方的割据势力至此完全削平了。接着，宋太宗又把消灭北汉的事提上日程。

太平兴国四年（979年），经过充分准备，宋太宗派潘美等人，兵分四路围攻北汉的太原，而自己率兵士继其后。辽朝派使者来见宋太宗，问其征伐北汉的原因。太宗对辽的使者说："河东不服朝命,该当问罪,若北朝不援,将按和约行事,不然则唯有一战!"潘美等将领屡败北汉军队,北汉求救辽朝,辽朝派兵赴援,被潘美等打得大败。北汉皇帝刘继元在宋朝的重兵围攻下,被迫投降。宋太宗兵发太原,讨伐辽朝,意在夺取后晋石敬瑭割给辽朝的幽云十六州。双方交战之初,宋太宗乘辽朝防备空虚,率兵长驱直入,辽将多溃败投降,宋军未费什么力气就抵达了幽州城南。

幽州是辽的南京,又是一座军事重镇。驻守幽州的辽将耶律学古,凭借坚固的城防设施,竭尽全力抵御宋军,眼看形势不支,辽朝派耶律休哥率领援兵到达幽州。宋太宗亲自督师,与辽将耶律沙率领的一股援军大战于高梁河,在辽军即将败逃之际,耶律休哥率大队兵马赶到,与耶律斜轸从左右两翼对宋军进行包抄,激战中宋军大败,在辽军的猛追下,丢盔弃甲仓皇溃逃。宋太宗在慌乱中乘一辆驴车才得以逃脱。从此再也不敢轻易对辽用兵。

宋太祖死后未能得到皇位的皇子赵德昭,曾跟随太宗攻灭北汉。太宗从幽州败逃回来后,因为听说有天晚上军中发生夜惊,不知道太宗是否还能活着回来,有人准备立赵德昭为帝,就把战败的怒气倾倒在赵德昭身上。回朝后,由于北征失利,太宗长时间不对征北汉时立下战功的将士行赏。当赵德昭提醒他应该行赏时,他竟大怒说:"等你自己做了皇帝,再行赏也不迟!"赵德昭听了这席话,知道宋太宗怀疑自己要篡位,就回府拔剑自杀而死,成了幽州之败的牺牲品。太宗得知,非常懊悔,前往府中抱起赵德昭尸体,哭道:"傻孩子,何至于做出这等事啊!"后追封赵德昭为魏王。

16. 帝位之选

北汉削平以后,天下复归一统,只有契丹占据河北幽、蓟一带,与宋朝对峙。宋朝派兵前去征讨,屡遭失败,天下再也恢复不到汉唐盛世的规模了。宋太祖在位时被罢去宰相职事的赵普,连年朝见宋太宗,意欲复出,却遭到卢多逊的大肆诋毁,说他当年在立宋太宗为帝的问题上没有起到好的作用,使赵普更加郁郁不得志。

后来,宋太宗做晋王时的旧日僚属柴禹锡等人告发秦王赵光美骄横恣肆,将要阴谋夺取帝位,引起宋太宗的猜疑。太宗为这件事征求赵普的意见,赵普乘机请求授予自己权力,以便查清谋乱情由。并说自己作为旧臣,受权贵陷害,还把当年接受杜太后遗命及上书太祖请传位于晋王光义等事提了出来。太宗听了这些话,就从宫中打开金匮,找到太后遗誓,阅览赵普当时的那封奏疏,对照无误后,召见赵普,对赵普说:"人非圣贤,谁能无过?我尚不满五十,已知四十九岁以前的过错了。"遂任赵普为司徒,兼任侍中。

当年杜太后在遗命中要求宋太祖传位给太宗,太宗传位于光美,光美再传位于德昭。而德昭自杀而死,德芳也相继夭亡后,光美才开始忐忑不安,被柴禹锡借机告发。宋太宗一时难以决断,乃召见赵普,向他提起当年杜太后的遗旨。赵普说:"太祖

太祖传位

已经失误，难道陛下您还要一错再错，将皇位传给弟弟吗？"于是，赵普受到太宗信任，恢复了宰相职务，卢多逊被罢官流放，赵光美被定罪后郁郁而死。

宋太宗的长子赵元佐，自幼聪慧机敏，相貌酷似他的父亲，因此受到太宗钟爱。赵光美遭贬迁往房州时，赵元佐曾竭力救护过他。赵光美死后，赵元佐因忧愤而致精神失常。重阳节时，宋太宗召诸王到禁苑中射猎欢宴，赵元佐因刚病不久未能参加。等天色将晚，诸王宴罢回家，路过赵元佐住处，赵元佐怒道："你们与圣上一同欢宴，只有我不能参与，这明明是抛弃我呀！"于是更加气愤，借酒消愁，当晚纵火焚烧自己的居室。宋太宗盛怒之下，将赵元佐废为庶人，同时罢免赵普的宰相职务，命吕蒙正为参知政事。

吕蒙正初入朝堂时，有个朝中官员指着他问道："这位先生也要参知政事吗？"吕蒙正假装没有听到而匆匆走过，与他职位相同的官员却对此义愤难平，非要上去盘查问话者的姓名。吕蒙正赶紧上前劝阻道："如果我们盘问了人家的姓名，恐怕会使人家顿生拘谨，不如不去盘查为好。"当时人们都因此事而佩服吕蒙正的气量。

雍熙年间，夏州党项贵族李继迁发动叛乱，投靠契丹，对抗宋朝，于淳化元年（990年）被契丹册封为夏国王，后来逐渐形成了与宋、辽鼎立的西夏国。宋太宗在位多年，尚未确立皇太子，便由凤翔召寇准入朝。

太宗问寇准："我家儿子中谁能继承大业？"寇准答道：

"对儿子的了解,没有人能比得上他的父亲。但愿陛下选定能担负起天下重任者。"太宗问:"寿王元侃可以吗?"寇准说:"圣上的意见既然认为可以,那就赶快决定吧。"于是太宗立寿王赵元侃为太子,改名恒,任命寇准为参知政事,吕端为平章事。在吕端被任为宰相之前,有人告诉宋太宗说:"吕端为人糊涂。"太宗说:"吕端小事糊涂,大事不糊涂。"遂决定任用吕端为相。

至道三年(997年),宋太宗病重,宣政使王继恩由于豪横日久,担心太子英明过人,继位后对己不利,便与参知政事李昌龄、殿前都指挥使李继勋等人密谋,欲立被废作庶人的旧太子楚王赵元佐为帝。宰相吕端入宫探问太宗病情,发现太子赵恒不在太宗身边随侍,怀疑其中有变,便在手中的笏(hù)上写下一个大大的"渐"(意为病危)字,命手下的亲信官员执笏去见太子,请太子马上入宫侍奉太宗。宋太宗在位二十三年去世,享年五十九岁。

宋太宗死后,李皇后命王继恩通知吕端入朝,一起商议皇位由谁继承。吕端知道其中将有变故,就哄骗王继恩,让他进入书阁检查太宗生前手写的遗诏,把他锁入书阁,然后急忙入宫。皇后当时正为皇位的继承问题而烦恼。便问吕端:"皇上已去世,皇位的继承,应以长子为先,这是顺应祖制的做法。可是现在怎么办呢?"吕端说:"先帝册封太子,正是为了让他今日继位。现在先帝刚刚离去,怎么可以马上违背他的遗命而另生异议呢?"皇后无言以对,遂立太子赵恒为帝。

宋太宗一生仁恕恭俭，爱惜百姓，礼贤下士，除了喜欢读书外，平日没有其他爱好。李昉、吕蒙正、张齐贤、吕端、寇准、李沆（yuán）、向敏中等一批贤臣，相继受到太宗的信任和重用。由此可见，宋太宗是个善于守成的有为君主。但他更改金匮之盟的行为，既违背了母亲的遗命，又辜负了皇兄的期望，何况一个弟弟、两个侄子又都因此而不得善终，后世不能不对他有所指责。

17. 胜者纳贡

至道三年（997年）三月，太子赵恒即位当了皇帝，这就是宋真宗。真宗在登基仪式上，垂帘接见群臣。吕端被宣上朝，没有立刻叩拜，他请求皇上卷起帘子，并登到殿上审视一番，认清了继位的的确是原太子，然后才下来率领群臣一同叩拜。等到吕端因病去职后，真宗改命寇准为平章事。

当初，夏州李继迁作乱，时而叛宋，时而降宋。在他投降宋朝时，被宋太宗赐姓名为赵保吉。赵保吉死后，他的儿子李德明继位。曹玮上书宋真宗说："李继迁曾擅自割据黄河南北二十年之久，现在出其不意，擒获李德明送进关内，将河西地区恢复为郡县，这是个大好时机。圣上应施恩宠于李德明，下诏来招抚他。然而，李德明毕竟是我朝的西顾之忧，若不乘其国危子幼，即刻加以扑灭，日后再度强盛，就难以控制了。请圣上给我一支精兵，讨平西夏，擒获李德明。"真宗想对李德明施以恩德，让他接受招抚，不料李德明却投靠了契丹，并受其册封为西平王。

景德元年（1004年），辽朝皇帝耶律隆绪率军大举入侵，边事告急，一夜之间竟有五封告急文书发往京城，朝野为之震恐。宰相寇准扣压前线消息，照常宴饮，谈笑自若。宋真宗得知真情后，大惊失色，便用话探问寇准，寇准回答说："陛下要想弄清情况，最好在五天内亲自驾临澶州。"真宗听了此话，感到很为难，想回宫暂避，却被寇准劝止，要他立即考虑起驾。当时与寇准同任宰相的毕士安，也力劝真宗皇帝接受寇准的建议，而担任参知政事的临江人王钦若，却主张真宗迁都金陵。签书枢密院事陈尧叟是阆州人，他又主张真宗迁往成都。真宗无所适从，征求寇准的意见。

寇准说："陛下神武，将臣齐心，若能大驾亲征，敌人将不战自逃。否则，出奇兵骚扰辽军，坚守阵地使辽兵因长期不得进展而疲劳涣散，我们也能稳操胜算。如果抛弃在京城的宗庙，跑到别处去，势必让敌人感到我们软弱可欺，到那时人心崩溃，敌人乘胜长驱直入，大宋的天下还怎么来保全呢？"在寇准的竭力劝说下，真宗终于决定率军前往澶（chán）州应敌。从此以后，王钦若、陈尧叟二人开始仇恨寇准。真宗由京城出发时，寇准以为王钦若是个有智谋的人，因此深恐他再到圣上面前妄谈迁都之事，妨害国家大事，于是命其出镇大名，执掌天雄军。待辽军攻至城下时，王钦若却束手无策，只有闭门修斋诵经而已。

宋真宗抵达澶州，宋军士气大受鼓舞。辽朝先锋大将萧挞览出营视察地形，被宋威武军头领张环用床子弩发箭射死。辽朝皇帝临阵失将，大为恐惧，打算率军撤退。而此时数十万宋朝大军刚刚到达。宋真宗来到澶州南城,望见辽兵军势旺盛,群臣建议皇上驻足屯扎。寇准坚持要求宋真宗车驾渡过黄河,远近宋军望见皇上渡河的御盖,万众踊跃,"万岁"的欢呼声响彻数十里,宋军士气由此大增,而辽兵更加军心动摇。辽派骑兵进袭薄城,又被高琼击败。辽朝皇帝遂决定立刻同宋朝议和,以迅速脱离危险境地。寇准本想乘胜进击辽军,无奈宋真宗已经厌战。他说:"我不忍生灵再遭涂炭,姑且接受辽朝的议和请求吧。"

　　辽朝遣使臣携带书信前来缔盟,宋朝派曹利用抵契丹军中议和,双方使臣往返商谈,议定宋朝所要交纳的岁币数额。宋真宗吩咐曹利用说:"如果不得已的话,虽然百万财货(zī)之数,也可以答应。"寇准闻言后,悄悄把曹利用叫入帐内,对他说:"虽有皇上谕旨,但你所答应的数字超过三十万,我也一定要杀了你。"经过讨价还价,曹利用最终与辽达成和议:宋朝每年以银十万两、绢二十万匹,作为岁币向辽朝交纳;宋、辽成兄弟之国,宋朝为兄,辽朝为弟,双方使者定期互访。这个协议,就是历史上有名的"澶渊之盟"。自此而后,南北双方各自弭兵而归,其实是寇准从中尽力斡旋的结果。

18. "天书"惑政

　　宋辽"澶渊之盟"订立后,寇准深受宋真宗的信赖和倚重,却遭到曾经力主真宗迁都金陵的王钦若的妒恨。有一天会朝后,寇准先退。王钦若看到真宗目送寇准时流露出一种敬重之情,便问真宗:"陛下敬重寇准,是因为他对社稷有功吗?"真宗回答："是。"王钦若挑拨说："城下之盟，《春秋》书中认为是可耻的事，澶渊的举动也同样是城下之盟。陛下听说过赌博的事吗？嗜赌的人钱将输光时，就会罄其所有全部押上，称之为孤注。陛下就是寇准的孤注，实在太危险了。"这一席话使真宗对寇准的感情一下子由敬重变为了怨恨，后来竟罢去寇准平章事（宰相）的职务，让他到陕州做个知州，改命王旦为平章事。

真宗深以澶渊城下之盟是难以洗刷的耻辱，经常闷闷不乐。王钦若明知真宗害怕同辽打仗，却故意对他说："陛下只要出兵攻占幽、蓟，就可以洗刷这个耻辱了。"真宗说："河北生灵，刚刚免受战乱之苦，我怎么能忍心出兵呢？可以再想其他办法。"王钦若提议："唯有封禅可以镇服四海，夸示戎狄。然而，自古封禅，必须有天瑞出现才能进行。天瑞哪能说有就有呢？前代曾有过人为制造天瑞的做法，只要人主（皇帝）深信不疑，布告天下，也就与真的天瑞出现没有什么两样了。"真宗沉思片刻后说："把详情告知王旦，恐怕没有什么不可以吧。"王钦若说："我把圣上的旨意转告他，他不会不理解的。"遂乘便将真宗的意旨转达给了王旦。在王旦勉强顺从后，真宗又亲自召见王旦，请他饮酒，并赠一樽酒让他带回去与妻子同享。王旦回去一看，里面装的全是美珠，知道这是皇上要堵住自己的嘴，也就不再提出异议了。

大中祥符元年（1008年）正月初一，宋真宗召见群臣时说："我于去年十一月二十七日将近半夜时，刚刚睡下，忽见室内出现一道闪光，有一个头戴星冠身着绛衣的神人飘然而至，告诉我说'将有天书三篇降抵人间',刚才看到皇城司的奏言,说是承天门上发现黄帛,悬挂在城楼屋顶的鸱尾上,那不就是天神所降的天书吗?"王旦等人再拜称贺。真宗步行来到承天门,派两名内侍爬上屋顶,小心翼翼地取下"天书",王旦跪地双手接过,然后献于真宗,真宗再拜后接受,交给陈尧叟启封,读其言词,则很像老子的《道德经》。"天书"读罢,被盛入金匮。群臣纷纷称颂这是天降祥瑞,只有龙图阁待制孙奭(shì)表示怀疑,他问真宗:"以臣愚见,不知天是何物,哪还有什么天书下降呢?"真宗沉默不语。

"天书"制造出来后,真宗开始着手封禅。经过半年多的准备,宋真宗带着王旦、王钦若等朝中大批官员及众多的护驾军队,从京城出发前往泰山举行"封禅"仪典,然后大赦天下,满朝官员也都因"封禅"而得到封赏。

两年后,宫女李氏生下皇太子。李氏是杭州人,初入宫时侍奉刘修仪,秉性庄重,不多言语,被真宗命为司寝。怀孕后,有一次随真宗登临观景台,不慎将玉钗掉落地上,真宗心内祷告:"玉钗如能完好无损,将会生下男孩。"左右侍从捡起玉钗献上,真宗一看,丝毫无损,满心欢喜。不久,李氏果然生下一个男婴,却被刘修仪夺为己子,李氏未敢声张,宫廷内外也都不知,真宗晚来得子,喜不自胜,但婴儿刚生下来时,昼夜啼哭不止。有个道士声称能使婴儿止哭,召入宫后,对婴儿喊道:"莫叫,莫叫,何似当初莫笑!"婴儿果然停止了哭叫。这大概是因为真宗当初祭拜上天求子时,玉帝问群仙,谁愿前往超生,众皆不应,唯独赤脚大仙嫣然一笑,遂受命降生为真宗的儿子。后来皇太子在宫中爱好赤脚,也从另一方面验证了此事。

被宋真宗册封为皇后的刘氏,虽家世贫寒,但生性机敏,有权术,从一个宫女逐渐爬上皇后的位置,成了真宗决策朝政的得力助手。当她把李氏所生皇子夺归己有后,权势更大,劝真宗立自己的儿子昇王赵受益为太子,改名祯,其实仍是李氏所生的那个儿子。真宗为人宽仁慈爱,有帝王的涵养。景德年间以前,任用吕端、张齐贤、李沆、吕蒙正、毕士安、寇准、王旦等贤臣辅政,足称继世之贤君;祥符年间以后,改用王钦若、陈尧叟、冯拯、丁谓、曹利用等一批小人,从此信奉道教,为邪门歪道所迷惑,伪造"天书",封祀泰山,迷信骗局接连不断。乾兴元年(1022年)宋真宗去世,在位二十三年,太子赵祯继位,这就是宋仁宗。

19. 刘太后听政

仁宗即位时年仅十三岁,五日一登承明殿,由母亲刘太后垂帘听政。宰相丁谓想独揽朝政,暗中勾结太监雷允恭,让他私下请太后颁诏,指出:"皇上每月初一召见群臣,其他时间如有大事,可以上奏太后,由太后召集有关辅臣会商决定;一般小事,可减去繁琐程序,直接交雷允恭传奏,在宫内签署意见。"这样一来,雷允恭更加仗势专横,与丁谓相互利用,排斥异己,一时间权倾朝野,众莫敢抗,只有王曾一人敢于正色直立朝堂,时人都很佩服他的勇气。当初真宗临终前,曾说只有寇准、李迪可以托付后事。然而，丁谓痛恨寇准，加之太后不满意李迪，有人奏请任用寇准和李迪，也被诬为寇、李朋党而遭贬谪。王曾认为处罚过重，遂提出质疑，丁谓却愤恨地盯着王曾说："你这个曾将第舍借给寇准的人不要再多嘴了，否则你也免不了罪责。"这样连王曾也不敢再多说什么了。

当时宋真宗的陵寝尚未告成，遂命丁谓兼山陵使，内侍雷允恭为都监，协理陵寝事宜。在一次勘察陵址时，司天监邢中和对雷允恭说："现在山陵上百步，即是佳穴，法宜子孙，我只担心下面会遇到石头和水。"雷允恭说："把墓室移就上穴即可。你尽管督工改筑，我先入宫禀告太后，她肯定会允准的。"雷允恭这时正受朝廷宠信，没有人敢反对他的意见。太后让他与山陵使丁谓商议处置办法，丁谓却唯唯诺诺。不久在挖穿上穴时发现了石头，石头清除后便有水渗出，众人担心对渗出的水无法控制，就遣内侍毛昌达回宫奏请太后，寻求解决办法。太后降旨让王曾前去巡视。王曾回来报告说，丁谓包藏祸心，有意让雷允恭将墓室移至绝处。太后听后，大惊失色，盛怒之下，想把雷允恭和丁谓一并杀掉。冯拯劝阻说："当今皇帝初承大统，即命诛杀大臣，恐怕会惊骇天下臣民。"于是太后就未杀雷允恭，仅将丁谓贬职，改命王曾为平章事，吕夷简为参知政事。

当初，刘太后在收宋仁宗为自己的儿子之后，就与杨太妃一起养育，而仁宗的生母李氏，仍旧生活在先朝留下的嫔妃群中，从不自命特殊。人们因畏惧太后的权势，都不敢在仁宗面前提起此事，因此仁宗虽逐渐长大成人，但仍不知自己是李氏的亲生子。后来李氏病危，仍然自我克制，被晋封为宸妃。等李氏死后，刘太后想以一般宫女的礼仪来办理她的后事，在宫外为她治丧。此时吕夷简为宰相，奏请李氏的葬礼应该从厚。刘太后闻奏，便把仁宗叫起来，退往幕后商议。过了一会儿，刘太后独自站在帘后说："一个宫女病死，相公如此用礼，这是为何呢？"吕夷简回答："臣戴罪为相，凡事无分宫内宫外，都应当认真参与。"刘太后怒道："你是想离间我们母子的关系吗？"吕夷简说："太后还想不想在日后保全你们刘家的基业？"不久颁诏，想凿开内宫城墙来出殡，以免李氏灵柩经过后宫正门。吕夷简得知后，就对内侍罗崇勋说："宸妃生下了皇上，她的葬礼却不成体统，他日必然有人要承担今天的罪过，到那时不要怪我吕夷简没有提醒大家。以我之见，应该用太后的服饰入殓，用水银防腐。"罗崇勋听后也害怕承担责任，于是赶紧跑去请示刘太后，终于获得刘太后允诺，以太后之礼葬了李氏。这件事就是后来被艺人广为渲染的《狸猫换太子》的故事。

20. 后宫之乱

刘太后对待仁宗就像自己的亲生儿子一样，仁宗也很孝敬她，关系十分融洽。等刘太后死后，仁宗亲政，尊杨太妃为皇太后。仁宗与吕夷简商议，想把曾经依附过刘太后的张耆、夏竦、陈尧佐等旧臣全部罢免，吕夷简表示支持。仁宗退朝后，把情况说给郭皇后听，郭后问仁宗："难道只有他吕夷简没有傍依过刘太后吗？只不过他善于随机应变，玩弄权术罢了。"于是吕夷简也同时被罢免。当罢免诸人的诏书颁发时,正赶上吕夷简上朝押班,他听到唱名,大吃一惊,不知道自己为何同时遭贬,便让平日与自己有深交的内侍阎文应在宫中刺探原委,才知道事因郭后而起,遂对郭后深表不满。到后来吕夷简再次出任宰相时,尚美人、杨美人都在受宋仁宗宠幸,并且多次同郭后发生争执。

有一天,尚美人在皇上面前说话时冒犯了郭后,郭后怒不可遏,遂伸手抽打尚氏面颊,皇上急忙起座拦阻,不料被郭后一掌击中脖子,皇上大怒。太监阎文应乘机挑拨,请求仁宗废弃郭后,并劝仁宗将被打的掌痕给执政官员验看。当仁宗让吕夷简验看时,夷简因对郭后怀有旧怨,就力主皇上废黜郭后。仁宗犹豫不决,拿不定主意。吕夷简进一步劝道:"汉光武帝素称明主,为了郭后怨怼(duì),竟致坐废。现在郭后如此失礼,仅仅废黜她的皇后名号,何况她还动手伤了陛下的颈呢?"中承孔道辅串通谏官范仲淹、宋庠等人,在皇上面前竭力反对废黜郭后,因而全都遭到贬谪。

郭后被废为净妃,迁往瑶华宫居住,宋仁宗又秘密派人去召她,被她拒绝道:"除非让百官上朝,通过正规仪式册封我为皇后,否则我不会接受召见。"内侍阎文应由于曾经诬陷过郭后,所以很怕郭后重立为皇后。郭后有一次生了点儿小病,宋仁宗派阎文应请太医为郭后诊治,郭后却突然死去。宫人怀疑阎文应贿嘱太医,用药毒死郭后,但苦无实据,只得以暴卒奏闻。仁宗闻郭后死,很是悲悼,遂为她追复皇后名号,用礼殓葬。

阎文应因受开封府知府范仲淹参劾,被宋仁宗流放岭南,死于途中。荆王赵元俨，是宋太宗的第八子，性情威严刚毅，无人敢于冒犯，被人称为八大王。由八大王出面对仁宗说，陛下是死于非命的李宸妃的亲生骨肉。仁宗这才得知自己是宸妃的儿子，为此痛哭多日，下诏自责，并亲临洪福寺祭拜宸妃亡灵，为宸妃开棺易容、更换棺木，以水银装殓，使之下葬时面色如生，穿戴皇后的冠服。事后仁宗感慨道："人们关于我的身世的说法是真实可信的啊！"由此对养母刘氏的礼遇更加优厚了。

21. 明主贤臣

景祐五年（1038年），夏州赵元昊（hào）谋叛，进犯环庆，改元称帝，国号夏。夏军进攻保安军，被指挥使狄青击败。由于宋朝将帅各自把守防地，互不支援，被西夏军队攻陷了边境不少要塞，朝廷只好派范仲淹担任延州知州，对付西夏的侵扰。范仲淹到达延州后，积极革除军事上的积弊，一改以往兵无常帅、将不识兵的弱点，把延州的一万八千名士兵分配给六名将领统带，日夜训练，根据敌兵进犯人数的多少，轮番出战，收到了很好的防御效果。敌人相互告诫说："不要再打延州的主意了。现在小范老子胸中有数万甲兵，不比大范老子（指范雍）软弱可欺啊！"

赵元昊率西夏军进犯三川诸要塞，陕西安抚使韩琦，派任福率兵夜奔白豹城，黎明时攻破城池，歼灭西夏四十一族，焚毁其房舍财物后撤还。这时辽朝皇帝乘宋朝与西夏交兵之机，派使者要求割让关南十县土地，宋仁宗只答允增加岁币，派枢密直学士

范仲淹像

富弼两次出使辽朝，以坚词厉言折服契丹，双方最终以岁增银、绢各十万，达成协议，加上以往的岁币数目，则为每年赐给辽朝银、绢各五十万，双方的和好局面重新获得巩固。

宋仁宗命韩琦、范仲淹为陕西路安抚经略招讨使，二人号令严明，爱抚士卒，使边外诸族既害怕又敬重，不敢轻易入侵。边境上军民传诵着这样的民谣："军中有一韩，西贼闻之心胆寒；军中有一范，西贼闻之惊破胆。"天下遂将二人并称为韩范。宋、夏经过数年军事冲突，对抗逐渐减弱。庆历四年（1044年），西夏皇帝赵元昊改名曩霄，上书称臣，请求与宋朝和好。在西夏表奏和好誓约后，宋朝答应每年赐给银七万二千两、绢帛十五万三千匹、茶三万斤，从此以后边境得以安宁。

范仲淹为官清正廉明，于庆历三年（1043年）被宋仁宗任命为参知政事，主管监选班簿事务。他不畏权贵，敢于直言，大胆推行了改善吏治的"庆历新政"。当时范仲淹查阅各路转运使的"班簿"（名册），每见有庸碌无能者，就用笔勾了记号，依次更换。富弼对他说："你每勾一笔，就会有一家为之痛哭啊！"范仲淹却说："一家哭，怎比得上一路哭呢？"坚决罢免那些不称职的官僚的职事。

庆历七年（1047年），王则率领县州士兵起事，朝廷派文彦博等领兵讨平。皇祐四年（1052年），广南壮族首领侬智高起兵叛宋。次年，宋朝令狄青率兵南下镇压，侬智高兵败逃往大理。仁宗命赵抃（biàn）为殿中侍御史。赵抃，弹劾不避权贵，秉公直言，凛然正气，京师人称"铁面御史"。以文彦博、富弼同平章事，文彦博辞退后，又命韩琦为平章事，一时间朝野上下共称用人得当。任命包拯为开封府知府。包拯在朝中以刚直闻名，贵戚宦官无不对他惮惧，他的清廉、明断，使任何人都无法欺瞒。他不畏强暴，敢于为民请命，是当时妇孺皆知的人物。因为他曾被授予天章阁待制的清要职衔，所以又被人们号为"包待制"。京城中的老百姓因为他刚正无私，作歌谣说："关节不到，有阎罗包老。"意思是说只有包拯不能用贿赂和请托打通关节，更有人比喻他"笑比黄河清"。当时有个隐居于河南的名士叫邵雍，此人养就一种超然世外的隐士风度，朝廷屡授官职，均称病不赴任，精通易理，遇事能先知，其学说经后人发展为算命学。

22. 太子辞位

宋仁宗原有三个儿子，均不幸早亡，为了选取皇位继承人，遂将宋太宗曾孙汝南郡王赵允让之子赵宗实招纳入宫，由曹皇后收为养子。赵宗实四岁入宫，长大后并未被立为太子，而令其仍回归到父王府中。在他为父亲汝南王守丧期间，司马光、欧阳修、包拯、吕景初、赵抃、吴奎等大臣全都上疏，力请早立皇太子。当时担任过宰相的文彦博、富弼、王尧臣曾相继劝告宋仁宗，让他早立太子，可惜均未被采纳。

司马光上疏说："以前臣进言请求早立太子，陛下恩准马上进行，但至今未见任何动静，想必是有小人从中进了谗言，说什么：'陛下年富力强，为何急于做这种安排后事的不祥之举呢？'小人们没有远见卓识，只是为了乘将来仓促之际，推举与自己亲近的人继承皇位。由国老操纵朝廷大事,把天子当作门生一样来使唤,这样的祸事古来已不可胜数!"仁宗看了这段奏疏,心里大受感动。与此同时,担任江州知州的吕诲,也在上疏中请求早立太子。

仁宗召见韩琦,让他阅读司马光和吕诲的奏疏,然后焦急地问他:"我也早有立皇太子之意,然而谁最合适呢?"韩琦惶恐地答道:"这不是我们做臣子的人所能讨论的,应当由陛下裁决。"仁宗说:"宫中曾收养过两个儿子,年岁小的非常愚昧,近似于痴呆,只有年岁大的那个还算可以。"韩琦询问名字,仁宗说就是以前的养子赵宗实。后来在韩琦等人的极力赞助下,仁宗终于决定立赵宗实为太子。当确立赵宗实为太子的诏书下达时,赵宗实坚请居父丧期满后就太子之位,受到了宋仁宗的恩准。待赵宗实居丧期满后,仁宗于至和二年(1055年)再次召他入朝,他却极力推辞。仁宗又命翰林学士王珪起草诏书,正式册封赵宗实为皇太子,赵宗实仍复称病推却。司马光对仁宗说:"皇子推托意料之外的富贵,说明他的贤德远远超过了常人。然而,父亲的命令不能不从,君主的旨意更不能延误。请陛下以臣子的大义来斥责他,想必他一定会听从的。"仁宗按司马光的建议行事,果然为赵宗实所接受。

入宫之前,赵宗实告诫家中仆从们说:"替我守好房舍,等将来皇上有了嫡传,我还要回来。"于是赵宗实乘坐肩舆入朝,各色随从不满三十人,行李更为稀少,只带了几柜子书籍。尽管这样,他还是受到了朝野上下的隆重恭贺。赵宗实做了皇太子后，改名曙。赵宗实在太子位上谨小慎微，恭俭礼让，没有什么宏大作为，天下人都打心底里佩服他的品德。

23. 国学崇儒

宋仁宗恭俭仁恕，敬天重民，始终如一。官府曾请求仁宗把道教传说中天帝所居的玉清旧址开辟为禁苑，仁宗说："我继承先帝们留下的苑囿，尚且觉得宽余，为什么还要另辟新苑呢？"仁宗还广泛征召蒙受冤屈的人，让他们都能获得重新评议的机会，经他手而得以减刑活命的人每年数以千计。仁宗曾说过："我从来未曾用死这个字来咒骂过别人，更何况要滥用刑罚呢！"有一次仁宗对近臣说："昨晚因深夜不眠而感到饥饿，忽然间想吃羊肉。"近臣问他为什么当时没有索要，他说："我担心自己开下先例，养成习惯。若不能忍奈一夕之饥，势必要导致无穷的杀戮啊！"

仁宗日常居家宴饮总是穿戴洗濯多遍的旧衣，帷帘被褥也多用破旧的粗糙织物做成。有人献上珍奇蛤蜊二十八枚，每枚价值千钱，仁宗说："动一次筷子竟费达二十八千钱，这样的富贵是我所不忍为的。"有一次辽朝使臣对仁宗说，由于高丽国不按时朝贡，计划出兵征伐高丽。仁宗对辽使说："这只是高丽王子的罪过，不关老百姓的事。现在对高丽用兵，未必能擒获其王，反倒会给百姓造成杀伤。"在仁宗的规劝下，辽朝终于没有进攻高丽。

仁宗好学崇儒，曾在讲解儒学的经筵上对侍臣说："我对学习儒家圣典即使盛夏酷暑也从未稍有倦怠，唯一担忧的就是过分劳累你们。"仁宗还下诏命各州县设立学校,并选定太学生员。王尧臣和吕臻进士及第时,仁宗分别赐予他们《中庸》篇及《大学》篇,于《礼记》一书中,专门表彰颂扬这两篇经文,激励儒臣重点学习,实则为确立"四书"之开端。后来,程颐在《中庸》《大学》之外,又选配《论语》《孟子》,再经南宋理学家朱熹集注,遂成后世儒学的入门书。

24. 两宫怨解

宋仁宗庆历年间以前,朝中未尝没有小人,但其能量不足以胜过贤臣;庆历年间之后,则君子满朝,贤者云集。正史为仁宗立传时评价说:"为人君者以宽仁为宗旨,在这一点上仁宗的确称之无愧。"嘉祐八年(1063年),宋仁宗在位四十三年去世,皇子赵曙即位,这就是英宗皇帝。英宗继位后,尊曹皇后为皇太后,仁宗的遗诏颁行之日,举国哀悼,虽深山穷谷之地,人们也莫不奔走悲号,如丧考妣。后来英宗生病,诏请曹太后权宜一同处理军国重事。曹太后生性慈俭,颇涉经史,听政以后,多引经据典来决断政务。内外奏章,每日虽达数十件之多,太后仍能一一记录纲要,妥为处置,唯独对待曹氏外戚及身边的内侍,毫不顾惜,他们亦不敢越轨行事,朝野上下无不肃然起敬。

宋英宗病情加重,逐渐发展为举止失常,对宫中内侍尤其暴怒,令手下人多不高兴。为发泄心中的怨愤,他们遂在太后、皇帝之间制造谗言,使双方离间成仇,宫廷内外均为之担忧惧怕。知谏院吕诲急忙上书曹太后和宋英宗,语真意切,道出许多别人不便陈说的劝解之词,但两宫之间的积怨仍未消除。

有一天,韩琦、欧阳修在曹太后帘前奏事,却见太后双目垂泪,呜咽不止,把英宗举止变态的事全部抖搂出来。韩琦说:"皇上暂时生病,导致性情失常,痊愈以后,一定有所改变。况且太后为母,皇上为子,子有病,难道你做母亲的不能包涵吗?"太后仍然没有想通。欧阳修又奏道:"太后侍奉先帝数十年,仁德高厚,天下共仰。从前张贵妃得宠,死后又得追封为温成皇后。对温成那样的荣宠,太后尚能处之泰然,如今母子相关,何至不能相容呢?"太后闻言,方才收泪。韩琦又大声说:"我们为臣之人远在宫外,皇上病体如果失于调护,太后是无法推脱责任的。"太后听罢,吃惊地说:"这话从哪里说来?我心里更愁得紧哩!"内侍们听了这番对答,都不禁瞠目咋舌,暗生虚汗。

几天后,韩琦独入内廷,向英宗问安,英宗略谕数语,便道:"太后待我,未免少恩。"韩琦忙对道:"自古圣帝明王,也有不少,独称舜为大孝,难道其余人都不孝吗?只不过父母慈而子孝,乃是常事,未足称扬而已。只有父母不慈,子仍尽孝,方可称名千古。臣恐陛下侍母不周,有亏孝道,天下岂有不慈的父母?"英宗闻言,大有感悟。

英宗自六月以来久未上殿,有一天初临紫宸殿会见百官,即被韩琦劝说,乘肩舆前去祈雨,而且素服出行,举措至诚,遂使民心大受感慰。英宗病情稍愈,命侍臣讲读经史于迩英阁,翰林侍读学士刘敞进读《史记》,读至尧授舜以天下之事,即拱手讲解道:"舜出身寒微,尧禅授给他大位,天下归心,万民悦服,这并非因为舜别有他术,只因他孝亲友弟,德播远近,所以讴歌朝觐,不召自来。"英宗悚然改容,遂大彻大悟。太后得知英宗的变化以后,也非常高兴,两宫间的疑忌逐渐得以化解。不久立高妃为皇后。

高后的母亲曹氏,正是曹太后的胞姐,因此高后自幼被太后养育在宫内,且与英宗同岁,又一起受到过太后的抚育。当时宋仁宗就曾预言二人,"他日必成婚配"。高氏长大后果然离开太后,做了英宗的妃子,婚后生子三人,此时被册封为皇后。韩琦为使太后撤帘还政,便挑选十余件事禀奏英宗,英宗都裁决得当。韩琦遂将英宗裁定之事复奏太后,太后对每件事都一一点头称善。韩琦随即向太后道出皇上圣断英明,又兼太后训政,自请告老休养。太后道:"朝廷大事,全仗相公,相公如何可去!倒是我应该退居深宫了。我每日在此垂帘,并非为了干政,而是因为皇上抱病,不得已而为之。"朝琦即称前代母后,贤如马、邓,尚不免顾恋权势,今太后便拟归政于皇上,实为马、邓诸后所不及,但不知太后决定何日撤帘。太后当即离座,示意撤帘。韩琦遂命鸾仪司遵旨撤帘。英宗从此得以亲政。

25. "良主"英宗

内侍任守忠,曾在英宗生病期间,乘间进谗两宫。忽有一日,韩琦拿出一道空头皇帝诏令,自己署名签字之后,又让两位参知政事签名。当时的两位参知政事,一个是欧阳修,另一个是赵概。欧阳修一句也未说就当即签名，赵概却有难色。欧阳修就对赵概说："你不妨照签，韩公定有说法。"赵概不敢违命，只好勉强签字。签字毕，韩琦坐于政事堂上，召任守忠至，命其立于庭下，当面叱道："你的罪状本当杀头。"遂取空头诏令，亲手填写，付与任守忠，下令即日押送出都，贬往蕲州。韩琦的意思是，如不当机立断，恐中途生变。任守忠的余党史昭锡等人，也被一律斥逐，流放到偏远的南方。一时间，朝廷内外，拍手称快。

治平四年（1067年），英宗再次生病，一连十多天不能上朝理事。韩琦入宫探问起居，即进言道："陛下多日未视朝政，朝廷上下惊疑不定，请早立储君，以安社稷。"英宗微微点头，当即命召学士承旨张方平，入福守殿起草诏书。英宗坐在那里，说的话谁也辨别不清。张方平奉上纸笔，英宗勉强接笔，在纸上写道：立大大王为皇太子。张方平请求写出大大王的名字，英宗竭尽全力，才写下了"颖王顼"三字。张方平即遵照英宗旨意，草就立颖王顼为皇太子的诏书。立储诏书写毕，英宗不觉慨叹一声，忍不住泪流满面。韩琦等当即退下。文彦博在归途中对韩琦叹道："看见皇上的表情没有？人生至此，虽父子亦不能不动情啊！"英宗在位四年去世。他凭借天资明哲，荣膺继承大统的天命，在位期间，礼贤下士，爱民如子，上奏一经裁决，多出群臣意表，因此被称颂为良主，然而过早去世，令其不能大有作为，实在让人痛惜啊！

26. 王安石变法

皇太子赵顼即位，这就是宋神宗。神宗继位之初，册封已故宰相向敏中的曾孙女元妃向民为皇后。他励精图治，既不修宫室，又不外出游猎，勤俭持国，立志破辽灭夏，大有作为于天下。宋神宗首先担忧的是国家长期贫弱，财用不足，为寻求富国强兵的改革方略，破格召翰林学士王安石入朝。

王安石对神宗说："立国之本，首在理财。从前周朝设置泉府等官，借以掌管国家税收，购储市上滞销货物，变通民利，后世只有汉代桑弘羊、唐代刘晏的做法大致切合周朝的理财思想，学者们却不理解先王治理天下的一番苦心，只是简单地认为，作为人君，不该与民争利。现在若要理财，就应当仿效周朝的办法，设泉府以收利权。"神宗点头称是。王安石犹恐神宗不能决意任用自己，又进言道："从前尧命群臣共择一人治水，尚且九年不成，只是在历经挫折后才获得成功。现在要变革理财之法，或许一时用人不当，十人中定有一二人不肯协力，怎能确保不引起异议呢？关键在于陛下能够掌握利害得失，不被别人的异说所蛊惑，坚定不移地推行新法，久而久之，自然可以收到好的效果。"

熙宁二年（1069年），神宗经过深思熟虑，决意任王安石为相，以求推行新法。当时有个名叫唐介的大臣提议说，王安石为人率直，心胸狭窄，精于治学，但拘泥经术，不通世务，若令他辅政，必然成害，陛下欲求贤相，则最好任用吕公著、司马光、韩维等得力人选。神宗不信其言，坚持升任王安石为参知政事。

王安石辅政以后，士大夫们普遍认为朝廷用人得当，只有知谏院吕诲独持异议，含忍不住，遂拟就一篇弹劾文书，入朝面奏。途中恰遇司马光同行，司马光问他今日所奏何事？吕诲便道："我袖中有篇奏疏，将要弹劾新参政王安石。"司马光吃惊地说："满朝上下都高兴地称道任用的人，你怎么会参劾他呢？"吕诲叹了口气，说道："你也说出这样的话吗？王安石虽然名噪一时，但好执偏见，轻信谗奸，喜欢奉迎，听其言语很美妙，实际办事却极疏陋，将来贻害天下苍生的，必然是他。"遂上殿跪呈劾文，极力奏请罢斥王安石。神宗当时正信任着王安石，听到吕诲的话，不禁怒形于色，当即命吕诲退去，下诏贬任为邓州知州。到了后来，王安石为政日益偏执，司马光由此叹服吕诲有先见之明，并自以为不及吕诲有识人之能。

当王安石借助宋神宗的信任推行新政以后，吕诲愤而上奏朝廷，辞官归居，病危之际，曾手书遗嘱，请司马光为自己撰写墓铭。司马光闻讯前往，但见吕诲已气息奄奄。司马光大声问："还有其他嘱咐吗？"吕诲勉强睁眼，断断续续地说："国家大事尚可扭转，你可要努力抗争啊！"言毕遂终。

王安石一心要推行新法，但朝中大臣有很多人反对他，于是被迫择用吕惠卿、章惇（dūn）、曾布、韩绛等一批奸邪不轨、巧于奉迎之徒为心腹。这伙人经过仔细酌商，相继提出农田水利、青苗、均输、保甲、免役、市易、保马、方田等项措施，号称新法。新法颁行天下，导致民不聊生的结局。在新法中，农田水利法的目的在鼓励开垦各处废地，兴修水利设施，对财力不足的，官府给予贷款资助，从中收取税利，即使官宦之家，也须与农户同等出力，不得私加袒护；青苗法则规定，在夏、秋庄稼未熟之前，让农户估算自己需要多少粮食方够自用，到新粮产出，报请官府借贷钱粮，待收获之后加息十分之二还粮或还钱；均输法是让承担供应京城货物的各路州郡，都要均平当地的物价，由政府派出发运使以平价统一采购，然后发运京城，从中获利；保甲法规定，乡村民户以十家组成一保，五十家为一大保，十大保为一都保，分设保长、大保长和都保正，都保正有二人，一正一副，均由保内选出众望所归的人担任，令各户出人为保丁，自备弓箭器械，农闲习武操练，防御盗贼滋扰；免役法就是由国家出钱雇人充役，按户等对当役人户收取免役钱；市易法是以金帛财物为抵押，由官府向中小商人提供贷款，限期偿还本息，半年付息为十分之一，年息二分，逾期不还的，利息之外再加罚款；保马法则是命令保甲有偿为官府养马，马匹死亡要作价赔偿；方田法是以东西南北各千步为一方，丈量土地，按肥瘠定为五等，以此为依据，均定税额。以上诸法的推行，皆害民不浅，而尤以青苗法最为厉害。

  当年宋英宗在位时，邵雍客居洛阳。有一天陪客人在天津桥上散步，忽闻杜鹃鸣叫，邵雍一时惨然不乐。客人问其缘故，邵雍回答说："洛阳从前没有杜鹃，今天是第一次看到杜鹃飞来。国家兴旺时，地气的走向将是自北而南；天下散乱时，地气则为自南而北。如今南方地气北来，禽鸟飞类就是预知地气先兆之后，才飞到北方的呀！据我推测，过不了两年，朝廷将任用南方人为宰相，官府上下也将大批择用南方人士，极力推行变法，天下从此不再太平了！"邵雍的这番话果然到此得以应验。此时神宗仍执意任用王安石，推行新法，致使万民同仇，怨声载道。于是，富弼、韩琦、司马光、赵抃、张方平、苏轼、苏辙、吕公著、吕公弼、范纯仁、程颢、欧阳修、郑獬、孙觉、李常、张戬、刘庠、范镇、王拱辰、韩维、刘挚、杨绘、唐坰（dòng）等人相继上书神宗，极言新法为害，力请恢复"祖宗之法"，恪守先朝旧制，神宗一概不听。于是诸臣纷纷辞官归故乡居住，有的甚至横遭贬逐。然而王安石生性执拗，不但不听劝告，反以巧言粉饰新法，顽固推行所谓"新政"。

熙宁六年至七年（1073—1074），黄河流域连年大旱，加上官府征敛苛急，遂使北方一带民不聊生，许多人背井离乡，沦为乞丐，但见漫天风沙，饥民扶携塞道，老弱病残，愁眉双锁。甚至有的衣不遮体，号寒啼饥，有的嚼草根，有的茹木实，还有的身戴锁械，支撑不住，却仍须搭上身家性命，抵偿赋役。惨状累累，无法尽述。当时有个叫郑侠的官吏，任职监安上门，他把灾民饥困情形绘成一幅《流民图》，连同奏疏一起遣驿马飞递入京，向神宗皇帝奏称：旱灾是由王安石变法违反天命引起的，若陛下听臣下之言，罢黜王安石，十天之内仍不见老天落雨，则请诛杀我，以正欺君之罪。神宗看完奏章，又反复审视《流民图》，不禁长叹数声，把图揣进袖中入宫，当晚辗转叹息，难以入睡。次日临朝，特颁谕旨，废除青苗、免役等新法，百姓得知后，踊跃欢呼，互相庆贺。上天确也奇怪，居然在颁诏当天下起大雨，令远近各方普受恩泽。力行新法的吕惠卿和邓绾恼羞成怒，遂诽谤郑侠为狂夫，按擅自遣马递书治罪，将郑侠先拘于狱中，而后流放到英州。吕、邓二人又极力说服神宗，使新法依旧畅行各地。

当时担任湖州知州的苏轼，曾借吟诗来讥讽朝政。他咏青苗法说"赢得儿童语言好，一年强半在城中"；咏征敛赋役的官吏为"读书万卷不读律，致君尧舜终无术"；咏农田水利法说"东海若知明主意，应教斥卤变桑田"；咏盐禁为"岂是闻韶解忘味，迩来三月食无盐"。这些冷嘲热讽的诗句，一时间广为传诵，引起了朝中官员们的极大愤慨。后来，在御史中丞李定、监察御史舒亶上章弹劾下，苏轼被朝廷逮往京城下狱，且以诋毁朝政罪，险遭杀身之祸。太皇太后曹氏，在病中得知苏轼一案，遂向前来问安的神宗说情，才使苏轼得免一死。

27. 王安石割地

当初，青涧城守将种谔迫降西夏将领嵬名山，把宋朝势力扩展到绥州城。西夏皇帝李谅祚，却假意和谈，于治平元年（1064年）诱杀宋将杨定等人，挑起双边争端，战火复燃。宋神宗即位后，意欲吞并西夏，屡次派兵出击，西夏也针锋相对，不断入侵宋朝边塞，双方互有胜负，宋朝在征战中夺取了西夏边塞六堡之地。后来宋神宗派宦官李宪为帅，统领大军，分路进剿，企图一举灭夏，不料在灵州、永乐一带遇到夏军顽强抵抗，宋军因长途跋涉，后援不足，冻馁疲惫，死伤惨重，丢弃钱粮银绢不可

王安石像

胜数。前线将士大败溃逃的消息传奏朝廷，神宗临朝恸哭，不思饮食，从此一蹶不振，再也不敢蓄意进攻西夏了。与此同时，西夏也因与宋朝连年交战而日益穷困，于是派遣使臣入宋，上表称臣，请求重修和约，得到了神宗的嘉许。然而，这时的辽朝得知宋朝推行新法，富国强兵，非常担心宋朝强大后对己不利，遂遣大臣肖禧出使宋朝，请求割让土地，重订边界。对待辽朝的无理要求，宋廷内部争执不下，王安石对神宗提议："我朝欲图灭辽，暂且让他一步亦无不可。"神宗最终用王安石之言，答应辽朝，割让河东土地，双方改以黄嵬山分水岭为界，计东西丧地达七百里之多，从此国势益显衰弱。由割地一事可以看出，神宗以前，宋朝还算兴盛太平；自神宗以后，宋朝日渐步入丧乱深渊。后来，王安石因爱子王雱之死而悲伤不已，请求解职归里，获神宗恩准后，退居江宁，不久去世。

元丰八年（1085年），宋神宗病情日重，立年仅八岁的第六子延安郡王赵佣为皇太子，赐名煦（xù），奉请皇太后高氏权宜共同处理军国重事。数日后，神宗去世，时年三十八岁，共计在位十八年。宋神宗一生的最大作为，是在熙宁年间，任用王安石推行新法，史称"熙宁变法"。

28. 元祐更化

神宗死后，太子赵煦继承皇位，这就是宋哲宗。哲宗时年只有八岁，被尊为太皇太后的高氏临朝听政，次年改年号为元祐，废除王安石新法十余项，起用反对新法的司马光、吕公著、文彦博、韩维、范纯仁、苏轼、吕大防、刘挚及程颐、苏辙、范祖禹等人,将推行新法的吕好问、吕惠卿、蔡确、章惇等人贬职地方,所有新法令全部禁止,全国一片欢腾,史称"元祐更化"。高后听政期间,首先任用司马光辅政,在废弃新法的同时,恢复旧制,使天下得以安定。司马光死后,又相继任用吕公著和吕大防、范纯仁辅政,进一步稳定了国家大局。

元祐七年(1092年),宋哲宗十五岁,太皇太后高氏决定为其选配,历采世家女子百余人,入宫备选。其中有一位眉州防御使兼马军都虞侯孟元的孙女,性情贤淑,颇得高氏欢心,于是高氏宣谕辅臣道:"孟氏女能执妇道,应册立为皇后。"遂命吕大防拟定册后六礼,封孟氏为皇后。宋哲宗大婚后,高后谆谆教导他说:"得贤内助,是你一生的大事。皇后这个人看上去端庄贤惠,不会惹什么是非,只可惜她福分太薄,他日国家发生事变,不免要由她来承担灾祸。"

元祐八年(1093年)九月,太皇太后因病卧床不起,无法听政,吕大防、范纯仁入宫问病,太皇太后对他们说道:"先帝临终时追悔往事,以至流泪,其中原因应该使皇上深深理解。我病将不起了,身后唯一担忧的是皇上年幼,容易受人戏弄迷惑。他日皇上不听你们劝谏时,你们也应尽早退职,让皇上另选一批新人辅政。"说到此,招左右侍从问道:"今日正值秋社,社祭供奉的饭食赏用了没有?"于是吩咐吕、范二人:"你们各去吃一匙社饭,待明年社饭时,恐怕二位就要纪念老身了。"过了数日,太皇太后去世。太皇太后听政期间,召用故旧名臣,废除新法苛政，又将边寨土地赐还西夏，使国家得以安定，连辽朝皇帝也不得不对其臣僚们说："南朝尽行仁宗旧政，国势又将昌盛，我们千万不可挑起疆场事端。"太皇太后前后临政九年，朝廷清明，华夏安定，力行善政，杜绝外戚私情，被礼臣尊谥"宣仁圣烈"，并称之为女中尧舜。

29. "二蔡""二惇"

太皇太后死后，哲宗皇帝亲政，于元祐九年（1094年）改元绍圣，一帮小人乘机改变太皇太后听政时的国策，贬逐吕大防、苏轼、苏辙、范祖禹、范纯仁等人，改任章惇、蔡京、吕惠卿、曾布等。章惇被起用为相，专以绍述宋神宗熙宁年间的新政为名，凡"元祐更化"时革除的青苗、免役等新法均予恢复，视司马光等为奸邪，荐用亲信党羽蔡卞、林希、张商英等担任要职，听由他们大肆攻讦，朋比为奸，排斥异己，报复仇怨，从此挑起了朋党之争。

章惇等人刚一得势，就竭力怂恿哲宗，诏谕天下，复行新法，借机进行政治报复。当时在元祐年间协助高氏废罢新法的主要人物司马光、吕公著、王岩叟、傅尧俞及孙固明、宗愈等，虽然均已去世，还是被追贬官爵，并被诬蔑为倡行奸谋，诋毁先帝，擅改法度，罪恶深重。章惇、蔡卞等甚至要求掘开司马光、吕公著的坟墓，劈棺暴尸，以泄私愤。时值大名府知府许将内迁为尚书左丞，哲宗向他问及掘墓一事，许将回答说："掘墓是有悖仁德的事，请陛下三思！"于是哲宗制止了掘墓行动，但还是

武士像

追夺了赐给司马光和吕公著的谥号,并派人捣毁了两人的墓碑。其他在元祐年间支持革除新法的著名官员,则被列为元祐党人而贬官,当时遭贬的计有韩维、刘奉世等以下三十人之多,吕大防、刘挚、苏辙、梁焘、范纯仁等地位较高的官员,更被流放到岭南,有的甚至死在流放之地。章惇、蔡卞还蓄意构陷宣仁太皇太后,诬其听政时曾密谋废黜年幼的哲宗皇帝,请求哲宗追废宣仁太皇太后为庶人。

向太后得知此事,不禁义愤填膺,哭着找哲宗问道:"我当初终日在崇庆宫侍奉太皇太后,深知她的为人,天日在上,那些谣言因何而起呢?如果皇上执意要追废太皇太后,可想而知,他日还有我吗?"哲宗听了太后这番话,才有所感悟,遂取章惇、蔡卞请求追废的奏疏焚于灯下。次日,章、蔡二人再次上奏,坚请废后,被哲宗斥责道:"卿等如此做法,岂不让我将来无颜进入英宗的庙堂吗?"言毕,竟将奏疏怒掷于地。章、蔡二人的报复阴谋遂告破产。当时宫中有位刘婕妤,恃宠成骄,经常轻视孟后,不循礼法,引起孟后不满,双方遂成嫌隙。章惇密结刘婕妤,设法陷害孟后,唆使哲宗借故下诏废黜孟后,命其出居瑶华宫,赐号华阳教主玉清静妙仙师,改立刘氏为皇后。有个叫邹浩的大臣,对废后立后一事上书谏阻,却未获哲宗采纳。

宋哲宗在位十五年去世,在他亲政后的六年之中,奸党专权,祸乱天下,百姓怨声载道。对于当时权势显赫的奸党人物,民间曾并称他们为"二蔡""二惇"。"二蔡"是指蔡京、蔡卞兄弟;"二惇"则是指章惇、安惇二人。宋哲宗死时无子,为了确立皇位继承人，不得不请出向太后主持立嗣。向太后召见辅臣，哭着说："国家不幸，我们德高望重的皇上没有子嗣，现应立即择贤继立，以慰朝野。"章惇闻言抗声道："依礼律而论，应当立皇上的胞弟简王似为帝。"向太后道："老身无子，诸王均为神宗的庶子，不该如此区分。若欲立长，则申王似应当为帝，但他患有眼疾，不便为君，在他之下，则应属端王佶（jí）了。"章惇势处孤立，料难争执，只好闭口不言。于是太后宣旨，召端王赵佶入宫即位，这便是徽宗皇帝。

30. "党人碑"

宋徽宗继位之初，向太后临朝听政，暂时一起处理军国重事。向氏是个恪守旧制的人物，听政后马上追复了司马光、吕公著等元祐党人原来的官职，起用韩忠彦、范纯仁等人担任朝中要职，蔡卞、章惇、蔡京等人则被罢官逐出朝廷，使政局有了好的转机。次年，向太后去世，徽宗亲政。徽宗为了调和变法派与守旧派的矛盾，任命守旧派人物韩忠彦为左相，变法派人物曾布为右相，做出两派兼用的姿态，并改年号为"建中靖国"，表示要大正至公，消释朋党。

建中靖国元年（1101年）正月初一，天上有一颗流星自西北方划空而过，恰好撞在一颗巨星上，产生的强光照彻了整个大地，当晚又有一道赤光自东北延至西南，赤色中复带着二股白气，赤白二光将散时，又有黑气浮现于旁。执掌规谏之责的右正言任伯雨认为这样的天象不是吉兆，提醒徽宗反思时政得失，改弦更张，却未被徽宗采纳。曾布专权后，极力绍述新法，排斥元祐年间力行旧制的一批大臣，先后罢免了任伯雨、范纯仁、江公望、陈瓘（guàn）等人的官职，借以扶植自己的党羽，竟把巨奸蔡京重新召入朝中。当时恰逢徽宗派遣亲信宦官童贯前往江南寻访书画奇巧，在苏杭一带监制御器贡品，而向太后听政时被贬任为杭州知州的蔡京，也是个能书善画的人，于是他不惜代价同童贯交游，托童贯把自己的书画进献给徽宗，并经童贯推荐而获得徽宗的赏识。不久，徽宗相继罢免韩忠彦和曾布的相权，改拜蔡京为相。

蔡京当政后，又打起了绍述新法的旗号，对元祐党人进一步加以打击，把辅政大臣司马光等、侍从苏轼等、文臣程颐等、武臣王献可等、宦官张士良等一百二十人，罗织罪状，定为奸党，由徽宗亲自书写名单，刻石立于皇宫的端礼门，称为党人碑，诏谕天下，元祐党人子弟不得在京师做官，还向各州县颁布元祐党人碑，统令刻石立于公堂。当时长安有个叫安民的刻石工匠，本该担负刻字工役，却向府官推却道："小民愚笨，不知立碑的意思。但如司马相公，海内统称其正直，今却称之为奸邪，令小民无从理会，所以不忍镌刻！"府官得知，十分气恼，以违抗朝廷之罪相威胁。安民痛哭道："我充当的差役固然不敢推托，但我请求在石碑的末尾免刻安民二字，以免得罪天下，令后世阅碑者为我羞愧！"

31．"花石纲"

在宋徽宗在位的二十多年中，蔡京等人长期受到信用，他们勾结党羽，窃弄权柄，穷奢极欲，粉饰太平，使宋朝的统治日趋腐朽。他们先奏请徽宗，把反对自己的任伯雨等十二名官员贬逐到遂州，极力吹捧王安石，说他的道德文章可以与孔子相提并论，名位仅次于孔子和孟子。蔡京的长子蔡攸，被任命为枢密直学士，家中其他子弟也都得到擢升重用。为了粉饰朝政，徽宗居然命蔡京效法周公，监铸九鼎。鼎成之后，在九成宫举行奉安大典，徽宗亲自临幸，对照九鼎的方位、名称，依次酹酒献祭。当酹献到北方"宝鼎"时，鼎忽然破裂，引起一阵慌乱，许多人推测，这是北方将要发生变乱的预兆，只有蔡京一味穿凿附会，反说北鼎破裂将预示辽朝分裂，或许可以借机收复北方，引得徽宗皇帝转惊为喜。

徽宗性喜机巧，会多种制作技能，为了满足自己的嗜好，便大兴土水，挥霍玩乐，无所不用其极。蔡京知道徽宗特别爱好花石，就命苏州人朱勔（miǎn）私下掠取浙中珍异花木进献。第一次寻得三棵罕见的黄杨，进献后受到徽宗的称赞，此后花石的进献数量逐年增多，所进奉的奇花异石都要通过大运河和汴河，用船运到京城，称为"花石纲"。后来，宋徽宗索性在苏州设置苏杭应奉局，由朱勔总负其责，借以搜刮东南地区更多的花石。朱勔按照朝廷的旨意，凡士庶之家的一石一木，只要稍有玩赏价值，即率兵士闯入门户，用黄封表识，指为贡品，令该家小心看护，等待搬运。略有不慎，便加以大不敬罪。到了发运的时候，必撤屋毁墙，辟一大道，小心谨慎地抬运出去。因此民家每发现一件异物，均被人指为不祥之兆，唯恐毁之不及。运送花石的篙工舵师,也借机仗势贪暴横行,凌辱过往州县,致使途中行人怒目侧视。

宋徽宗崇信道教,邀集大批方士,还为道士们设置了专门的官职。王老志、王仔昔因对未来之事能够先知先觉而最早得到徽宗的宠信,后来又有一位叫林灵素的温州道士受到专宠。林灵素本无其他能耐,只是稍通一点祷雨的五雷法,在徽宗面前验证过一手呼风唤雨的些小伎俩而已。徽宗不仅给予林灵素大量赏赐,还竭尽国库财力,在景龙门内大兴土木,修建上清宝箓宫作为斋醮的场所。上清宝箓宫遍植假山异石,佳木清流,以复道与皇宫秘密连接,更为徽宗迷恋道教提供了方便。徽宗还假借玉皇大帝的旨意,诏谕天下,于洞天福地之所,修建道教宫观,塑造圣像,命林灵素给各地士庶讲解道经。自此以后,每设大斋,往往费钱数万缗。经道箓院上章提议,册封宋徽宗为"教主道君皇帝",并规定凡有关道教的奏疏,都要用这一尊号。由于宋徽宗专宠道教,经常同道士一起,编造天书、云篆一类的骗局,用以惑世欺众,许多想往上爬的朝士,也都纷纷效尤。于是,宋朝的政治更加腐朽不堪。

继蔡京之后,一贯巧于奉迎的王黼(fǔ)充任宰相,他与蔡攸相互勾结,宠倾朝野,经常出入宫中。王黼和蔡攸曾向宋徽宗进言道:"人主处在太平盛世,正应该及时行乐。人生岁月短促,何苦要枉自辛劳呢?"宋徽宗本来就是个风流天子,对玩乐有着特别的嗜好,王、蔡之言正中下怀,于是时常微服出游,专事寻觅声色享乐。徽宗又下令大造苑囿,苑内房舍全部仿照杭州建成白屋，不施五彩，并修筑许多村居野店，从四面八方搜聚来的数千只珍禽异兽，饲养于园中，以致京城一带每逢秋风静夜的时候，禽兽之声相闻，响彻四野，使人宛如置身山林，被有识之士视为不祥之兆。王黼身居相位，借应奉局之手，大肆劫掠民间珍异之物，而最终进献入宫者不足十分之一，其余都中饱私囊。位居开府仪同三司的蔡攸，权倾一时，与其生父蔡京相互倾轧，父子各立门户，成为势不两立的仇敌。

朝纲不振，天怒人怨。当时，西方天上出现彗星，有星如月南行，龙降京城军器作坊，士兵争相取食。大雨连下七日，积水达十丈有余。起居郎李纲上书请诏求直言，以答天戒，昏聩的徽宗赵佶非但不予采纳，反而竟怒贬其官。方腊、宋江起义就在这个时期爆发了。

32. 方腊与宋江

睦州清溪县民方腊，家有漆园，以种植漆树为业。浙江是著名的漆产地，朱勔坐镇东南总领花石纲，借应奉局之名，对吴中民众多方扰害，方腊的漆园也不得幸免。于是，方腊利用民怨暗中联络了一批贫民与无业之辈，以诛伐朱勔为名揭竿起兵，自号圣公，建元永乐，置将委官，轰轰烈烈，不及十天，远近响应的达数万人。方腊的起义军连陷睦州、歙州、衢州、杭州、婺州、处州等地，东南大为震动。宋徽宗急忙委任童贯为浙江宣抚使，领兵十五万南下镇压。方腊节节败退，最后逃至其家乡的清溪帮源洞中。在与官军力战失败后，方腊深居岩屋三窟，外人不知入

宋江与刘唐

口。这时,王渊帐下的裨将韩世忠用潜行法偷入溪谷,由一村妇引路找到了方腊营寨,格杀数十人,生擒方腊。把守在帮源洞口的官军乘机突入,活捉方腊妻子及丞相方肥等五十二人,杀害七万余人,其余全部溃散。不久,方腊就义。

还在方腊威震东南之前,宋江的大名业已蜚声河朔、京东一带了。宋江以三十六人为天罡,七十二人为地煞,横行河朔,转战十郡,数万官军莫不畏避其兵锋。亳(bó)州知府侯蒙向朝廷献计说,贼寇宋江必定才干过人,诛讨不如招降,让他征伐方腊,以功赎罪,不失为良策。徽宗遂任侯蒙为东平知府,张叔夜为海州知府,侯蒙未及赴任而死。宋江起义军由京东、淮南转移至海州,知府张叔夜派人探知宋江率众直趋海滨,劫得大船十几艘,装满辎重和战利品。于是,张叔夜便招募死士约千人在海州近城设下埋伏,然后出轻兵向宋江诱战,待宋江领兵应战之时,事先躲匿在海边的官兵一举焚毁了宋江义军的舟船,趁机又俘获了宋江的副将。在士气大丧的情况下,宋江接受了张叔夜的招安。宋江起义至此以失败告终。

33. *"海上盟约"*

政和五年(1115年),辽朝统治下的女真族首领完颜阿骨打叛辽,并多次打败辽国军队,在混同江边正式建立金朝,阿骨打即皇帝位,他就是金太祖。宋徽宗认为辽朝每况愈下,决定联金灭辽,借机恢复燕云失地。于是派遣武义大夫马政渡海出使金朝。宣和二年(1120年),宋、金订立"海上盟约":双方南北夹击辽朝，金军攻取中京大定府，宋军攻取南京析津府和西京大同府；灭辽后，燕赵之地归还宋朝，宋将原来每年贡给辽的岁币转送与金朝。随后，金军攻占辽的中京、西京，辽天祚帝败逃至夹山。宋朝遂命童贯领兵十五万以应金击辽，不料被拼死抵抗的辽兵打得落花流水。宋徽宗见势不妙，只好诏令班师。这时，辽朝遣臣使宋说："女真背叛我辽，这本为大宋朝所不齿，可如今你们为了眼前小利，竟舍弃百年友好，去结虎狼之邻，必后患无穷，这实在是得不偿失。希望大宋救灾恤邻，重修旧好。"童贯无言以对。朝散郎宋昭上书痛陈利害，认为辽不可攻，金不可盟，请求把通金攻宋的王黼、童贯、赵良嗣等奸臣问斩。徽宗不听，并下令把宋昭谪官到海州了事。

辽天祚帝延禧逃往夹山后，辽臣又拥立亲王耶律淳为帝，自称天锡皇帝。耶律淳在位数月即死，其妻萧氏秉持军国政事，远在外地的天祚帝次子耶律定被遥立为帝，改元德兴。宋徽宗认为时机已到，再次派遣童贯进兵攻辽，辽将郭药师因不满萧后称制，遂献城投降。宋朝无力攻下辽南京（燕京），转请金朝助攻。

宣和四年（1122年）十二月，金军由居庸关三路进兵，辽军不战自溃，一举夺取辽南京，萧太后乘夜出奔天德，宰相左企弓、参政虞仲文等捧着降书降表，到金营请罪投诚，至此辽国的五座京城全由金国占领。开始宋、金约定，联合灭辽后，燕云十六州归宋，余地归金。可是，宋使赵良嗣到达金国后，要求将五代时幽州节度使刘仁恭割让给辽国的营、平、滦三州，一并归还宋朝。阿骨打以宋不守信用为由，予以拒绝。辽国降臣左企弓向阿骨打献诗："君王莫听捐燕议，一寸山河一寸金。"所以阿骨打想撕毁成约，讨价还价，贪求无厌。

赵良嗣归朝奏明原委，王黼急于求成，请求徽宗再次出使金国，答应在将辽国旧岁币四十万转贡金国外，每年再将燕京租税钱一百万贯给予金朝。阿骨打闻言大喜，于是把燕京和涿、易、檀、顺、景、蓟等六州交还宋朝，而山后诸州，及西川接连一带山川不在归还之列。宋徽宗在王黼等人的怂恿下，勉强照办金议。然而，在交割之际，燕京城中的金帛财物和职官富民，全部为金人席卷而去，只留下一座空城而已。其余诸州也被金人掳掠殆尽。交割完毕，阿骨打满意北归。

金人撤出燕京，驱使着辽国降臣左企弓、虞仲文、曹义勇、康公弼等人，随同燕京大家富民向东北缓缓而行。燕民们流离道路，其苦不堪名状。当行至平州时，有燕民向平州守将张毂（jué）进言说："都是因为左企弓等人无力守燕，才害得我们流离失所。现在大人您仍坐拥重镇，掌握强兵，如果您能为辽朝尽忠效力，我等必能复返故土。大家都把希望寄托在您身上了！"张毂本是辽将，闻听此言不禁心痒，于是召集诸将商议对策。诸位部将激励他说："听说天祚帝在漠南的兵势重新振强，您不若仗义而起，兴师勤王，奉迎天祚恢复帝业。如今之计，应将左企弓等以叛降之罪杀掉，把金人掳去的燕民送还燕京，使他们各复旧业；暂以平州归附宋朝，即使将来金人加兵问罪，我们内有营、平军队依恃，外有宋廷兵士声援，还有什么可惧怕呢？"张毂言听计从，首先历数左企弓、虞仲文等十大罪状，全部缢杀；再遣使李石送燕民返里，并面谒宋燕山府路宣抚使王安中，力陈张毂为人干练，平州地势险要，希望宋廷接受张毂的投诚归顺。王安中向宋廷奏闻此事，王黼极力劝说徽宗接纳张毂的诚意，而赵良嗣却不以为然，进谏说："我国新与金国缔有盟章，如果让张毂归宋，必然失去金国的欢心，因此而挑起战事，将追悔莫及。"徽宗最终还是答应了张毂的请求，下诏改平州为太宁军，委任张毂为节度使。金朝得知宋廷纳叛将张毂，怒不可遏，派斡离不攻打平州，张毂惊慌失措，急忙逃往燕京，向王安中寻求庇护。金人扬言宋廷背弃盟约，擅行招降纳叛，若不立即交出叛将张毂，将移师攻打燕京。徽宗万般无奈，遂诏令王安中把张毂送与金人，王安中遵旨缢杀张毂，将他的头割下连同张毂的两个儿子送至金营谢罪。辽国降将郭药师此时是镇守燕京的王安中的副将，他知道张毂的下场后，愤恨地说："今日金人要张毂的头即给了他，明日金人若索求药师的头，也将拱手奉送吧！"从此，辽国诸降将不再信任宋廷。而对中原觊觎已久的金人却还是以宋朝招纳金朝的叛亡为借口，开始向宋朝兴师问罪了。

34. 金兵南犯

宣和五年（1123年），金太祖阿骨打（完颜旻）病死，其弟吴乞买（完颜晟）继位，他就是金太宗。宣和七年（1125年）二月，金军俘获了辽天祚帝，辽国从此灭亡。同年十月，金军分两路大举向宋朝进攻：西路由左副元帅粘罕率领，从云中府进取太原府；东路由右副元帅斡离不率领，从平州进取燕山府。粘罕在攻克朔州、代州之后，直逼太原城下，太原知府张孝纯登城誓众，悉力固守，金兵久攻不克，被迫罢兵。而斡离不连陷檀、蓟二州，郭药师率兵四万五千名迎战于白河，败还燕山后，竟劫持了知府事蔡靖向金军投降。金军即以降将做向导，迅速攻取了燕山所属诸州县，乘胜长驱南下，逼近黄河，赵宋江山岌岌可危了。

宋徽宗得到金兵日迫的消息，慌忙下罪己诏，召天下勤王之兵。大敌当前，徽宗想委命太子留守京师，自己则东奔避难。太常少卿李纲犯颜直谏："如今敌势猖獗，情势危急，除非传位于皇太子，恐怕不足以号召四方勤王的英杰。"在位二十六年的宋徽宗只好传位于太子赵桓，他就是宋钦宗。赵桓即位后，将宣和年号改为靖康，以明年（1126年）为靖康元年，尊奉徽宗为教主道君太上皇帝。并授命李纲为兵部侍郎，派遣给事中李邺赴金师，报告宋徽宗已经禅位于宋钦宗赵桓，请求罢兵修好。斡离不放还李邺。本想收兵休战，而降将郭药师却向他建言："南方的宋军未必有防备，何不进军渡河呢！"斡离不听信了郭药师的建议，于是攻陷了信德府，驱军南犯，战火漫天。

这时，宋廷上下舆论大哗。太学生陈东率诸生上书痛陈国事："蔡京、梁师成、李彦、朱勔、王黼、童贯六人，实在是败坏今日天下的祸国民贼，伏请陛下斩此六贼，传首四方，以谢天下！"钦宗迫于形势，把王黼放逐到永州，中途被杀；李彦、梁师成被赐死，朱勔被解职归田，全部籍没家产。六人中只有蔡京、童贯得以随从太上皇出奔亳州，退居镇江。

金师进入相、浚二州后，宋徽宗急忙委派宦官梁方平率领守卫京师的禁兵屯于黎阳黄河北岸。梁方平忽见金兵涌来，即抱头鼠窜，河南守桥的宋兵望见金军旗帜，烧桥后逃命。金军便在毫无抵抗中用小舟从容渡过黄河，发现黄河南岸竟没有宋兵踪影，斡离不不禁开怀大笑说："看来宋朝是无人了，不然的话，如果用一两千人把守黄河天险，我们难道能插翅飞渡吗！"接着，金军进取滑州，威逼京师。

35. 李纲忠勇

金军渡河的消息传来，宋廷的宰执官李邦彦、白时中等人纷纷劝说钦宗皇帝赶快出幸襄邓之地，暂避敌锋。吴敏切谏反对，但一无结果。这时，李纲泣拜请求钦宗留守京师，并以死相邀。钦宗无可奈何，便任命李纲为尚书右丞兼东京留守，勉强答应留京御敌。但是，当李纲于第二天清晨入朝时，看到的却是钦宗即将命驾出幸的情状，李纲便冒死入奏说："陛下已经愿意固守京师，怎么又要出行呢？如今六军父母妻子都在都城，誓死保卫东京。万一中途散归，还有何人保护陛下？再说，金兵迫临城下，倘若侦知陛下的车驾出行未远，驱马来追，陛下将如何御敌自卫呢？"宋钦宗觉得李纲言之有理，随即召中宫还都，亲自宣谕禁卫六军，不再出行避难。六军欢欣鼓舞，山呼万岁。宋钦宗又命李纲为亲征行营使，部署京城的防御。数日后，京城的守战工事初具规模，斡离不部已经进抵城下。

宋钦宗召集群臣商讨和战事宜，李邦彦等主张割地请和，李纲则力主抗战。结果宋钦宗听从李邦彦的求和建议，乃命同知枢密院事李棁（zhuó）出使金军。李纲向钦帝请求说："国家安危在此一举，臣下恐怕李棁怯懦而耽误国事，愿代替李棁出使金军谈判。"宋钦宗不予答复。当天夜里，金军攻打宣泽门，李纲率兵奋力抵抗，斩敌一百多人，天亮时金军败退。

李棁来到金营，斡离不蛮横地提出罢兵条件：宋须交金五百万两，银五千万两，牛马骡各一万头（匹），骆驼一千头，杂色缎一百万匹，绢帛一百万匹，作为犒赏金师之物；割让中山、太原、河间三镇；宋帝尊奉金帝为伯父；以宋亲王、宰相做人质，送金军北渡黄河才能退兵。贪生怕死的李棁对金人的开价不敢措置一词，便偕同金使萧三宝奴、耶律忠等入城索求赂金和人质。斡离不所提出的要求，其实都是郭药师从中教唆的。宋钦宗慑于金军竟然答应如约照办。他尽管避殿减膳，括借都城金银，甚至倡优妓人家财，费了九牛二虎之力，才凑得金二十万两，银四十万两。

主战的李纲义愤填膺，抗辩说："金人所需要的金币，纵使竭尽天下人的财物也不足其数，何况一个都城呢？三镇是国家屏藩，割让掉屏藩如何立国？两国相交应以平等对待，如何有伯侄之称？至于遣送人质，即使宰相可以前往，而亲王也不能前往。如果能够坚守数日，等到四方勤王兵齐集都门，孤军深入的金人必将迅速退兵。这时候再与金人订立盟约，他们则不敢蔑视宋国，而和平也可以长久。"可是，李邦彦之流坚请从金议，于是派张邦昌和康王赵构前往金营为人质。金兵以金币未足为由，仍驻兵城下。一日，金兵攻打通津门和景阳门，李纲亲自督战，斩杀敌将校官十余人，杀敌士兵数千众，宋将何灌力战而死。金人从康王赵构之请，解围退师于孟阳，只有少数游骑散兵守护在都城外的牟驼冈。

驻守陕西等路的宋军，获报京师被金人包围，立即由种师道、姚平仲等率兵前来勤王，加上各地乡兵和百姓自动集结来的援兵共达二十多万人。李纲进言："金人贪婪无厌，凶悖日甚一日，非用兵不能解京师之围。况且敌兵号称六万（不及六万），而我勤王兵已经集结二十余万。他们以孤军深入重地，若扼守河津，断绝饷道，坚壁清野，待敌人粮尽力疲北撤时，再中途邀击，必能取胜。"宋钦宗欣然同意。但是，姚平仲想与种师道争功，向李纲谎称兵士斗志高昂，请求夜劫敌营。李纲竟答应了他的请求。姚平仲遂率万名步骑兵，乘夜向敌营砍杀过来，不料，姚平仲刚刚挨近金营，却遭到斡离不的迎击，宋兵惨败而归，姚氏畏罪潜逃。金军借机再次包围了京城，李纲率部将出封邱门，与金兵在幕天坡展开战斗，李纲命令兵士用神臂弓射退了金兵。

斡离不回营后，立即召见张邦昌、康王赵构，诘责宋廷用兵违誓的原因。张邦昌因恐惧而涕泪满面，叩头求饶；康王赵构挺立不动，神色自若。斡离不见状，联想到康王曾经与金人比箭，百发百中，因而怀疑这位宋朝亲王必定是将门子孙假冒。于是派遣王汭（ruì）入城责问，要求更召另外的亲王作为人质。王汭来到宋廷，李邦彦告诉他："用兵劫寨是李纲、姚平仲的主意，并非朝廷所为。"因此，宋钦宗和太宰李邦彦罢免李纲，向金人谢罪。为了讨好金军，宋钦宗想遣人至金营，辨明劫营并不是朝廷的旨意，大臣们都不愿意承命，最后宇文虚中慨然到金师说情。宇文虚中刚刚出城，太学生陈东等在宣德门上书，奏言李纲奋不顾身，以天下为己任，可谓是社稷重臣，而罢免李纲正是金人所求之不得的。极力要求复用李纲，罢免李邦彦等人。闻讯赶来的数万名军民，喧呼动地，愤怒地砸碎皇宫前的登闻鼓，打死宦官几十人。宋钦宗恐生变故，不情愿地宣布李纲复官，兼任京城四壁防御使；解除元祐党籍学术之禁，追封范仲淹、司马光等人。

金使王汭随宇文虚中再次来到宋廷，催割三镇和易质亲王。宋钦宗遂命肃王赵枢代为人质，并诏割太原、中山、河间三镇给金人。斡离不既得肃王为质和三镇割地，而且听说宋廷复用李纲，京师守备严固，便不等金币如数完纳，就放还了张邦昌和康王赵构，撤军渡河北归。肃王受挟北去，京师得以片安。

金军撤退后，御史中丞吕好问向钦宗皇帝进谏说："金人得志北还，会更加轻视中国，秋冬之季必将倾巢南犯，我们应当及早做好御敌的准备。"宋钦宗不以为然。相反，他自觉天下从此太平无事，拟迎还出亡江南的太上皇赵佶。当初，扈从太上皇的童贯、高俅等人，由于久无音讯，以致讹传四起，有人说赵佶要复辟，有人说童贯要谋反。钦宗开始疑惧不安起来，朝议授聂昌为东南发运使讨平叛乱，李纲从旁谏止，并自请至南京迎接太上皇返京。当李纲来到南京面见太上皇时，具道钦宗圣孝恩慕之意,请太上皇早日还都。赵佶感悟不已,拿出玉带、金鱼、象简等物赏赐李纲。李纲返京向钦宗奏明太上皇慈爱如初,绝无复辟之念。钦宗如释重负,便将太上皇迎回了阔别数月的京师。随后,在群臣的抗争下,宋钦宗不得不将恶贯满盈的蔡京流放到儋(dān)州,蔡京死于途中。并诛杀蔡攸、童贯,枭首示众。

36. 金兵再侵

　　三镇之一的太原虽然割让金人,而张孝纯仍固守不失,金军久攻不下。宋钦宗命令种师中和姚古进军援助太原,种师中却乘机收复了寿阳、榆次等县,屯兵于真定府。种师中老成持重,不欲急进,可是朝廷遣使屡促进兵,并指责他故意逗留。种师中只得领兵出战,杀熊岭一役,被金兵团团包围,士卒溃散,种师中身负重伤而死,姚古军稍战即溃。宋廷又命李纲为河南河东宣抚使,以刘鞈(gé)为副使,解救太原之急。李纲正要会合诸路兵进击,不料朝旨飞至,召他还京。八月间,金主吴乞买任命粘罕为左副元帅,斡离不为右副元帅,分兵两路再次南下攻宋。粘罕急攻太原,坚守数月的太原粮尽援绝,不久城陷,知府张孝纯被金人俘获,劝令降金后,重新委任为太原城守副都总管。宋守将王禀投汾水溺死。

　　金兵大举南侵,宋钦宗召集百官商议对策。这时,种师中已死,李纲贬官,由主和派耿南仲、唐恪等把持朝政,唯以遣使讲和为事。金人佯称议和罢兵,而攻城略地依然如故。金兵围攻袭庆府,吕海之子知府吕由诚亲率军民固守,城陷后,吕氏一家四十余人全部遇难。金兵再次渡过黄河，粘罕遣使索割两河，宋廷百官面面相觑。宋钦宗无奈诏命康王赵构重赴金军讲和，行至磁州时，知州宗泽迎谒康王说："肃王一去不返，难道大王要重蹈前辙吗？况且敌兵压境，去也无用，请大王不要前行绝路了。"州民也纷纷遮道留王，康王遂留居磁州。金国骑兵每天到磁州城外，探察康王行踪，情况万分危急。相州知州汪伯彦得知后，赶忙请求康王转赴相州躲避。康王抵相州时，汪知州身披戎装，率兵出城迎谒于河滨。康王下马慰劳说："他日见到皇上，我一定以京兆之职举荐你。"汪伯彦再三拜谢。从此，汪伯彦成为康王赵构的心腹。

37. 靖康之耻

相州汤阴人岳飞，字鹏举。其父岳和、母姚氏节衣缩食，周济饥寒，有贫苦之家侵占了他的耕地，便割让与人，借赊他的财物不求偿还，因而有闻乡里。岳飞自少志存高远，家贫力学，尤其喜爱《左氏春秋》、"孙吴兵法"等书，尚未成年，即能拉开吃力三百斤的劲弓，引发吃力八石（约合千斤）的腰弩。刘韐宣抚真定时，下令招募敢死斗士，岳飞应征入伍，并多次擒获金贼。靖康元年（1126年）十二月初一，康王赵构在相州建置天下兵马大元帅府，岳飞志愿从军抗金，并被授予承信郎。

这时，斡离不和粘罕所率的东西两路金兵已经先后渡过黄河，包围了宋都开封。各地的勤王兵早已被唐恪、耿南仲遣返净尽，守卫京城的只有禁军卫士及弓箭手七万人。南道都总管张叔夜向宋钦宗献言，金兵锋锐不可当，不妨效法唐明皇避安禄山叛乱于蜀的先例，暂且出奔襄阳，以图他计。钦宗拒绝了张叔夜的逃亡建议，诏命康王赵构率师援京，康王心怀鬼胎，踌躇不前。兵部尚书孙傅竟然保举一个自称精于六甲神术的市井游民郭京做了成忠郎，妄图以神功来抗御金兵。郭京自行募集七千七百七十七名命合于六甲的游惰无赖，谎称选择吉日出兵三百人，即可生擒粘罕、斡离不二将，并且能够追击金军至阴山脚下。如此胡言，有识之士莫不嗟叹宋廷无能。金军攻打通津、宣化二门，何㮚、孙傅让郭京出城迎击。郭京率兵行至城外，见金军分四翼鼓噪而来，仓皇逃窜，死亡惨重，郭京六甲不攻自破，金军乘胜登城而入。

宋钦宗闻听京城被金人攻陷，不禁恸哭失声。金帅恐怕钦宗皇帝由众兵潜护逃走，便宣言可以议和退师。于是，宋钦宗命何㮚到金营议和。粘罕、斡离不见到何㮚来使，不屑一顾地说："自古有南必有北，二者缺一不可。如今所要商议的是割地事项，让你们的皇帝亲自来营订立盟约。"何㮚返回宋师向钦宗报告了实情，宋钦宗顾不上君臣名分，让何㮚草拟了降表，亲自出郊来到金营，向金帅长揖递上降表。粘罕、斡离不高据胡床，接过钦宗手中的投降书，要求以黄河为界，割让河东、河北两河之地；纳金一千万锭，银二千万锭，帛一千万匹。宋钦宗开始还不肯答应，留宿胁迫两日，只好签字画押。钦宗自金营归来，已是涕泪满面，他看到道旁迎谒的士民和太学生，掩面大哭说："是宰相贻害了我们父子！"观者也流涕不止。

金帅遣使索取割地和金帛，宋钦宗传令廷臣大肆搜刮金银，并委命刘韐、陈过庭等为割地使，分赴河东、河北处理交割事宜。两河百姓听说割地使来，闭门拒使，坚不奉诏。为了息事宁人，宋钦宗亲自劝谕他们归顺大金。靖康二年（1127年）正月初十，金又遣使来索金银，并邀钦宗至金营再行面议。钦宗自知凶多吉少，面露难色。何栗及吏部侍郎李若水进言，事到如今，别无良策，劝帝但去无妨。钦宗来到金营，粘罕命人把钦宗的衮衣换成胡服，留在金营不许返朝。随行的李若水和钦宗相抱大哭，痛骂金人背信弃义，与猪狗同类。金人把李若水曳出帐外杀死。刘韐闻讯赶到金营，金人劝降不从，上吊自尽。

刚刚即位两年的钦宗被掳后，金人又征召太上皇赵佶和郑太后，一同拘留在金军的营寨中。并依照皇族的玉牒谱籍，按名征召皇后、太子、公主、妃嫔及诸王宗室眷属三千余人，全部押解金营。金人把徽、钦二帝废为庶人，命令吴幵（qiān）、莫俦召集宋廷百官，商议另立一个赵氏以外的异姓皇帝，众官不敢作声，王时雍探知金人想以前太宰张邦昌为帝，便以张邦昌的姓名写入议状，请百官在议状上署印。张叔夜不肯署状，且请立皇太子，而被金人逮至军中。太常寺簿张浚、开封士曹赵鼎、司门员外郎胡寅等人逃入太学，以避署名。御史马伸、吴给，中丞秦桧，相约自为议状，力辩不可另立异姓皇帝，而应该迎还钦宗复位，天下才能安定，否则以蠹国乱政的张邦昌为皇帝，必然导致亡国的危险。粘罕十分恼火，命人又将秦桧捉拿归营。

三月初八，阴风怒号，日晕无光，金人送来册宝，立张邦昌为楚帝。因为在此前一天，合门宣赞舍人吴革密结内亲事官数百人，在金水门外举事，焚烧了张邦昌的宅居，杀死了他的妻儿。结果，范琼诱杀了吴革父子，才算平息了一场事变。所以说，张邦昌是在百官惨沮、诚惶诚恐的情势下，草草受册登基的。张邦昌自觉金人北归后，掌握河北重兵的宗泽和康王赵构必然不会承认他这个傀儡皇帝，因而在拜封百官时，心虚地于职衔上加一"权"字。

靖康二年（1127年）四月初旬，金军以胜利者的姿态，将掳来的两个皇帝和皇室、宗戚男女，以及孙傅、张叔夜、秦桧等文武大臣，分别由斡离不、粘罕押解，取道滑州、郑州北还。同时，北宋王朝所用的礼器、法物、卤簿、教坊乐器和八宝、九鼎以及浑天仪、铜人、刻漏、圭璧、古器、天下府州县图籍，皇宫侍女、倡优、伎艺工匠等，全都携载一空。唯独宋哲宗赵煦的皇后孟氏，因废居私第才得以幸免。金人北行之日，张邦昌率领百官，身服赭袍，高擎红盖，亲至金营饯别。

38. 康王赵构

这时候，康王赵构尚有八万兵马驻扎在济州，由于宗泽等人的拥卫，并且屡败金兵，使金人未敢对康王下毒手。金兵去后，张邦昌失掉靠山，不免忧心忡忡。吕好问便乘机对他说："相公大人是真想做大楚皇帝呢，抑或是姑且塞责金人而另有打算呢？您也知道中国人心的背向吧，黎民百姓之所以近来相安无事，是惧怕金兵留居中土对他们不利。如今金兵业已撤还，就难保他们不滋生变故，这样，相公的宝座也许会动摇不稳了。"张邦昌忙讨问对策，吕好问胸有成竹地答道："幸而天下兵马大元帅康王赵构拥兵济州，元祐皇后孟氏废居在家，这是上天的旨意，相公大人应立即退位让国，把政权奉还赵宋，这样才能易祸为福。所以，大人应当先奉迎元祐皇后入宫，暂且摄理国政，再请康王早正大位。"监察御史马伸也具书力言，请张邦昌不失时机地奉迎康王进京登基，以正视听，顺乎民心。张邦昌读着马伸这封大不敬的书，气得昏厥过去。

张邦昌不得已还是把元祐皇后迎入禁中，垂帘听政，接着又派谢克家到济州请康王回京。可是，康王不肯答应。吕好问遣人向康王报告说："如果大王不早日自立为帝，恐怕有不应当立而立的人取代大王。"康王勉强同意。于是，张邦昌派遣康王母舅、忠州防御使韦渊，奉着"大宋受命宝"到济州劝进，同时，孟后也派来了奉迎使冯澥（xiè）等人，康王恸哭受宝。恰巧就在这时，副元帅宗泽和权应天府尹朱胜非到了济州，朱胜非力陈应天府是大宋的发祥地（宋太祖赵匡胤曾任归德节度使，应天府即归德），四通八达，水陆相宜，愿迎康王在应天府即位。康王慨然应允。康王赵构从济州起驾来到应天府，宣抚司统制官韩世忠、鄜（fū）延副总管刘光世、西道总管王襄等各领兵马，全都到应天府会合护驾。

丁未（1127年）五月初一，康王赵构登上应天府门左首临时筑起的受命坛，恸哭北向遥谢被金兵掳去的徽、钦二帝后，正式即皇帝位，照例颁诏大赦天下，改靖康二年为建炎元年，应天府定名为南京（后定都于杭州），从此开始了南宋的历史，康王赵构便成为南宋皇朝第一个帝王——宋高宗。

北宋起自宋太祖建隆元年（960年），终于宋钦宗靖康二年（1127年），其间共有九个皇帝，即宋太祖赵匡胤、宋太宗赵炅、宋真宗赵恒、宋仁宗赵祯、宋英宗赵曙、宋神宗赵顼、宋哲宗赵煦、宋徽宗赵佶、宋钦宗赵桓，历时一百六十七年。

39. 泥马渡康王

建炎元年（1127年）五月初一日，康王赵构在南京应天府登坛即位，史称宋高宗。之后，宋高宗遥尊宋钦宗为孝慈渊圣皇帝，遥尊生母韦氏为宣和皇后，遥立嘉国夫人邢氏为皇后，尊元祐皇后孟氏为元祐太后。宋高宗赵构是宋徽宗第九子，据说在赵构降生时，宋徽宗恰巧梦见吴越王钱刘镠入宫，宋高宗定都临安，享年八十一岁，与钱镠相同。赵构做康王时，曾在金营拘为人质，因与金人比箭连发连中，被金帅疑为将门子弟，便遣还赵构，由肃王赵枢代替。真相大白后，金帅派人急追，这时，疲惫的赵构正酣卧于崔府君庙，恍然有一神人告诉他："金国追兵将至，请赶快逃命，为你备好的马在庙堂门口。"赵构不禁惊醒，跃马向南奔去，待渡过河对岸，马止步不前，仔细一瞅，原来自己胯下所乘的竟是一匹泥马。

宋高宗即位后，任命李纲为尚书右仆射兼中书侍郎，也就是宰相职权。李纲请求罢免伪楚皇帝张邦昌同安郡王爵，安置于潭州，其他接受张邦昌伪命的臣僚如王时雍、吴开、莫俦、李擢、孙觌（dí），也一并安置于外州。又封赠诸路死节之臣，恢复元祐党籍人官爵。同时，派遣宣义郎傅雱（pāng）出使河东金军，并写信给粘罕，询问宋徽宗、钦宗二帝情况。

宋高宗召集群臣商议定都之地，李纲建言以关中为上，襄阳次之，建康为下，并请求高宗先巡幸南阳，以使天下人心悦服。然而，李纲的建议遭到黄潜善、汪伯彦之流的反对。宋高宗依从黄、汪之议，准备放弃中原而南下扬州。李纲拜相之初，曾上书"十议"，言词直切，宋高宗多所采纳。可是，由于黄潜善、汪伯彦、张浚等人的百般排斥，李纲逐渐失去宋高宗的信任，降调为尚书左仆射兼门下侍郎，而委黄潜善接任尚书右仆射兼中书侍郎。不久，仅做七十余天宰相的李纲被落职为提举洞霄宫。随着李纲罢相，他所规划的一切军民政事，全部废弃，因此而葬送了复兴宋朝的希望。随后，宋高宗和黄潜善、汪伯彦沆瀣一气，将上书乞留李纲、力主抗金保国的太学生陈东和崇仁布衣欧阳澈杀害，天下吏民无不称冤。

40. 宗泽与岳飞

建炎元年（1127年）六月，宋高宗诏立沿河、沿淮、沿江帅府十九个，大小郡七十七个，规定帅守兼都总管，郡守兼钤辖、都监，共置军九十六万七千五百人。在李纲的举荐下，任命宗泽为东京留守、知开封府事。此时，尚有一部分金兵留居河上，金鼓之声，昼夜相闻，而东京开封城内的军用瞭望台——楼橹，全部报废，兵民杂居，盗贼横行，市井萧条，凄楚不堪。

岳飞像

宗泽深孚众望，上任后，首先整饬治安，捕诛盗贼，抚慰军民，修缮楼橹、加固城防。为了壮大抗金力量，宗泽主动与河北、河东和中原一带的忠义民兵，以及所谓流寇联络，使他们归附效命。如河东巨寇王善，拥众七十万，车一万辆，是一支不容漠视的武装队伍。宗泽便单骑驰入王善大营，泣不成声地说："大宋朝廷正当危急存亡之秋，假使有一两个像您这样的豪杰，金人怎敢逞强为患呢？现在是您建功立业、报效国家之时，万不可坐失良机呀！"王善感激涕零，率众下拜说："愿听大人吩咐！"

王善解甲归降后，往来于京西、淮南、河南、河北等地的杨进、丁进、李贵、王再兴、王大郎诸人，各率部众归顺宗泽麾下。宗泽又将王彦的"八字军"（因脸上刺有"赤心报国，誓杀金贼"八字）从山西调至河南，布置在沿河重要据点。在开封城内，设立东西南北四壁，各置防御使领兵坚守，并制造一千二百辆战车备用；在开封城外，依势建筑二十四所坚固的堡垒，驻兵数万人。同时，沿黄河南岸，修造起鳞次栉比的连珠寨，联结河北、河东山水寨忠义民兵。于是陕西、京东、京西诸路人马，都愿受宗泽的节制。一切准备工作就绪后，宗泽不厌其烦地连连上书，吁请宋高宗回銮开封，以慰天下人心。可是，怯懦胆小的宋高宗不仅没有驾临东京，而且以巡幸江淮为名，由南京应天府直奔扬州去了。

建炎元年十二月，金兵进犯汜水，宗泽正拟遣将往援，赶上误犯军令的岳飞来到开封。宗泽见岳飞相貌非常，不忍加罪，再问及战略军事，岳飞应对自如。宗泽不禁吃惊地说："这是大将之材呀！"于是，宗泽要他率领五百骑兵前往汜水，立功赎罪。岳飞禀命大败金兵凯旋，宗泽擢升岳飞为统制。宗泽对他说："你的智勇才艺，甚至超过了古代的良将，然而好野战，却不合古人兵法。现今你还只是偏裨将领，这样做尚无不可，以后做了大将，就决非万全之计了。"宗泽便取出一本《阵图》给岳飞研读。岳飞阅后，回复宗泽说："阵而后战，是兵法之常理，然情势千变万化，不可拘泥行事。且运用之妙，存于一心。"宗泽首肯其言，岳飞因此闻名遐迩。

建炎二年（1128年）正月，金太祖第四子兀术率兵南犯。不久，兀术自郑州抵白沙，想直取东京。宗泽镇定自若，先遣部将刘衍至滑州，刘达至郑州，来牵制金兵。又以数千精锐骑兵绕出敌后，邀击金兵归路，使其腹背受攻，一举击溃了金兵，从此不敢轻犯东京。宗泽前后向宋高宗疏奏二十四次，愿圣驾及早返回东京。但是，每次奏本到了扬州，黄潜善、汪伯彦却以宗泽包庇盗匪为辞，肆意攻讦，百端阻难。年届七十的宗泽见奸臣当道，徒劳无功，竟忧愤成疾，背生毒疮，卧病不起。诸将前来探视时，宗泽说："我因二帝蒙尘，积愤至此，你们若能歼敌报国，我死无遗恨！"七月初一，宗泽吟诵杜甫赞颂诸葛亮"出师未捷身先死，长使英雄泪满襟"的诗句之后，连呼三声"过河"而死。东京士民闻听留守大人死讯，不胜悲悼，一致请求朝廷让宗泽之子宗颖继任父职。宋高宗不予理睬，诏令北京留守杜充任东京留守兼开封府尹，追赠宗泽为观文殿学士谏议大夫，赐谥忠简。杜充酷虐刚愎，大失众望，上任不久，原归顺降服宗泽的各路武装便鸟兽四散了。

41. 火烧扬州

尚书左丞张悫（què）举荐中奉大夫刘豫出任济南知府，刘豫见北方大乱，请改派江南一郡执政，被拒绝后，才怏怏不乐地就职。建炎二年十二月，金元帅左监军挞懒率兵围攻济南，刘豫遣子刘麟打退了金兵。挞懒派人利诱招降刘豫，刘豫遂杀济南骁将关胜，想率济南百姓向金人投降。百姓不答应，他便独自缒（zhuì）城纳款出降。

宋高宗抵达扬州后，任命汪伯彦为右相。这时，金兵横行，盗贼蜂起，作为左、右相的黄潜善、汪伯彦，既毫无戒备又不向宋高宗奏报。而宋高宗则对臣下说："潜善做左相，伯彦做右相，我何愁国事不济呢！"金将粘罕领兵于建炎三年（1129年）正月攻陷徐州，徐州知州王复及子王倚等全家近百人被杀。

二月，宋高宗诏令驻守盱眙的刘光世阻挡金兵渡过淮河，刘光世没等金兵到来便逃之夭夭。粘罕率金兵进陷天长军，前锋直指扬州。内侍邝询慌忙向宋高宗报告金兵已到扬州北门外。宋高宗吓得手足无措，迫不及待地与内侍康履、御史中丞张浚、御营都统制王渊，带着御前侍卫数人，披甲乘骑驰出南门，一口气跑到瓜洲，截得小舟向江对岸的镇江驶去。夕阳西下时，君臣几人才算到达镇江府。宋高宗出逃时，汪伯彦、黄潜善率领同僚正聚精会神地听克勤法师演讲佛法。听讲完毕，正待就食，只见堂吏大呼:"金兵已至,皇上的御驾已起行啦!"两人相顾失色,仓皇策马南奔。此时,扬州居民争相夺门逃命,儿哭女啼,人仰马翻,死亡载道,无不怨愤。司农卿黄锷逃至江上,被逃散的军士们错认为是黄潜善,纷纷指骂:"误国误民,都出自你这个奸贼之手!"黄锷方欲辩白他不是黄潜善,脑袋已搬了家。太常少卿季陵从扬州带着大宋九庙神主的灵牌出奔,刚出城数里,回首望见扬州城已经湮没在一片火海之中。在金兵的追逼之下,季陵竟将太祖赵匡胤的灵牌遗失路上,被金国的铁骑踏得粉碎。金兵把扬州的财富和宋高宗丢弃的朝廷御物洗劫净尽之后,面对滔滔江水生叹良久,便挥师北还。

42. 杭州逼宫

宋高宗到了镇江,吏部尚书吕颐浩请求高宗留在镇江,作为江北的声援,而御前都统制王渊则称镇江只可捍御一面,若金人自通州渡江占据苏州,镇江即不可保,不如撤至前有扬子、后有钱塘重江险阻的杭州作为行都。心有余悸的宋高宗遂决定到杭州避难。

宋高宗抵达杭州后,以知府衙门为行宫,下诏罪己,大赦天下。中丞张澄等人起奏弹劾汪伯彦、黄潜善,宋高宗被迫将其二人落职外任知府。同时,任命朱胜非为尚书右仆射兼中书侍郎,王渊同签书枢密院事。王渊素无威望、骤升要职,群臣多怀不平。尤其是扈从统制苗傅自负世将,刘正彦招降有功,并且是护送太后、六宫到杭州的功臣,却不见皇上加赏,怨愤不已。于是,苗傅、刘正彦串通嫉恨内侍恣横的中大夫王世修,乘刘光世晋升殿前指挥使、召百官入听宣制的机会,伏兵杀死王渊及内侍康履等一百余人。他们逼迫宋高宗传位于三岁幼子赵旉（fū），请隆祐太后垂帘听政。太后见危急万分,对苗傅等人诉苦说:"如今强敌当前,由我一个妇道人家抱着三岁幼儿在帘前决断国事,如何号令天下? 恐怕反而会招致敌人轻侮,请你们不要草率行事。"苗傅等人固执不从,强令宋高宗作退位诏书。皇子赵旉嗣位,太后听政,尊宋高宗为睿圣仁孝皇帝,避居以显宁寺改成的睿圣宫。又诏令大赦,改元明受,加授苗傅为武当军节度使,刘正彦为武成军节度使。

两天后,赦书至平江,留守张浚怀疑宫廷必有兵变,因而秘不宣布赦书。这时,张俊率领八千人来平江会晤张浚,谈及朝廷政变事,两人相抱大哭,决计兴兵问罪。于是,他们与江东安抚制置使吕颐浩、刘光世、韩世忠相约,合兵回城讨伐苗傅、刘正彦逆臣。并由张浚草写檄文,声讨苗、刘大逆不道罪行。苗傅、刘正彦见势不妙,忧恐万状,急率两千精兵打开涌金门乘夜南逃。吕颐浩、张浚等人的勤王兵从北关入城后,向宋高宗伏地痛哭请罪。宋高宗慰劳再三,当即解下所佩玉带赐给张浚。韩世忠擒来苗、刘逆党吴湛、王世修,命斩首示众,其余如王元佐、王瑗、范仲容、时希孟等人贬谪从事。宋高宗复位后,免去朱胜非的宰相职务,任命吕颐浩为尚书右仆射兼中书侍郎,李邴为尚书右丞,郑毅签书枢密院事,韩世忠、张俊为御前左右军都统制,刘光世为御前副使,凡参与勤王的僚属将佐,一并加秩进官。张浚等请宋高宗暂且驻留江宁府,韩世忠受命追获刘正彦和苗傅、苗翊兄弟，押回杭州处斩。宋高宗亲书"忠勇"二字，悬于揭旗赐予韩世忠。不久，皇太子赵旉病死，谥号元懿。

43. 高宗遁逃

东京留守杜充以勤王为借口，舍弃开封南逃。金人很快占领了开封府，并乘势南下入寇。宋高宗不敢久留建康，打算重返杭州。建炎三年（1129年）七月，宋高宗命升杭州为临安府。闰八月，宋高宗命杜充兼江淮宣抚使，留守建康；韩世忠为浙西制置使，守镇江；刘光世为江东宣抚使，守太平、池州。他本人连忙起驾奔向临安府。十一月，金帅兀术率军进破建康府，守臣杜充卑躬屈膝投降了金国。宋高宗闻听杜充降金，吓得魂不附体，匆匆召来吕颐浩问计，吕氏胸有成竹地说："万不得已，莫如航海。敌兵善于骑马，不习惯乘舟。等待敌兵退去，我们再还浙地。他入我出，他出我入，这正是兵家之奇计。"宋高宗连连点头，许为妙策。

十二月，宋高宗来到明州——宁波府。不几日，金帅兀术率领的两路大军就进驻了临安府。兀术派大将阿里蒲卢浑领兵追赶宋高宗。这时，宋高宗乘楼船经定海县到了昌国县。金兵进犯越州时，安抚使李邺开城迎降。转眼就是大年除夕，阿里蒲卢浑率兵抵至明州西门，张俊派遣统制杨沂中、知州刘洪道迎战金兵，歼敌数千人。相持几日。攻城不下，兀术率军来援，张俊、刘洪道相继弃城而去，明州随之陷落。金兵入城后，大肆屠掠，居民几乎全部被杀。兀术乘胜攻陷昌国县，搜寻宋高宗的行踪。兀术用舟师追击三百余里，被张公裕统率的几艘大舶痛击退却。金兵北还后，宋高宗才乘船回到温州，结束了海上的漂泊生活。直至绍兴二年（1132年）春天，宋高宗重返久违的临安府。

44. 截江抗金

金兵"搜山检海"归来，受到宋军民的尾追堵塞。首先是江淮统制岳飞率部在广德军邀击金兵，六战全胜。韩世忠早已把三军部署在青龙镇、江湾和海口，伺机截断金师的去路。等到兀术率兵由秀州到平江一路抢掠而来时，韩世忠移师镇江严阵以待。韩世忠分析兀术想渡江必然经过江心中的焦山，他把队伍和艨艟（méng chōng）巨舟开进焦山要塞，然后对将士们说："堵死焦山，金贼必定到附近的金山察看阵地。而山上有一座龙王庙，兀术想必要进庙俯望我军虚实。"于是他遣将苏德带壮兵二百名，一百人埋伏庙中，一百人潜藏在庙下岸侧，命令他们等金人登山进庙，以江中鼓声为号，鼓声一响，岸兵先入，庙兵继出，里应外合，共捉金贼。果然金兵见焦山堵塞，即有五名骑将登山直奔龙王庙视察地形。不料，庙中的伏兵没听到鼓音先行杀将出来，敌骑掉头就跑，岸兵拦截不及，仅俘获二骑，其余三骑飞马脱逃。逃掉的三员金将中，有一人红袍玉带装束，被蹶身下马后，又跃马疾驰而去。诘问被擒金将得知，那个坠马人正是金兵元帅兀术，韩世忠好不惋惜。

随后，兀术约期会战，双方在江上接战。韩夫人梁红玉亲自击鼓，宋军将士果敢杀敌，激战几十个回合，金兵渡不过江去，只好收兵退却。兀术的爱婿龙虎大王也成为韩世忠的战利品。兀

梁红玉像

术麾众回到大营，不禁怯战心寒，便派使者向韩世忠求情，只要答应放金兵一条归路，情愿将所掠获的财物和女真名马全数献给韩世忠。韩世忠叱退金使，不许假道北归。兀术窘迫不安，遂率兵自镇江溯流而上，企图易地渡江。可韩世忠领兵沿北岸随行，夹江相对，不肯放松。

　　一日黎明，金兵进入只有进路而无出路的黄天荡，兀术叫苦不迭。这时，有人献计说："从此往北十余里，有老鹳河故道，虽然淤塞不通，但是如果发兵开掘，便可凿通秦淮河。"兀术立刻命令金兵挖土清淤，很快凿开了一条长约三十里的通道，随即向建康进发。没曾想刚到牛头山，忽然鼓角齐鸣，岳飞率军拦住去路，一阵厮杀之后，兀术策马返奔至新城，怎奈岳飞力追不舍，兀术被迫又回到了黄天荡，而金兵已损折无数。兀术惊魂未定，被守候在荡口的韩世忠用铁链大钩曳沉了多艘战船。兀术走投无路，祈求韩世忠放他生还，誓不再犯。韩世忠朗声答道："长江是我大宋领域，决不许敌人通过。你若要保全性命，假道北还，必须还我二帝，复我疆土。"兀术无言以对，返棹回营。两兵在江上相持不下，兀术望见宋军大船乘风使篷，往来如飞，便招来诸将说："宋人使船如我策马，运行自如。而我们北归必经江上，有什么办法才能对付他们呢？"一将士想出悬赏求计的策略，于是揭贴榜文，购募破阵之策。

　　数天后，有一位闽人名叫王邿水的秀才登舟献策，教金人造小船，趁风平浪静时出动，用火箭射击韩世忠有风才能航驶的大战船，篷布易燃，这样可烧灭韩营。兀术如法炮制，韩营猝不及防，顿时烟焰冲天，军阵混乱，烧溺而死者不可胜算。兀术乘机率兵仓皇北渡。韩世忠以八千人拒战兀术的十万兵马达四十八日之久，金人从此不敢再渡越长江天堑。兀术率兵在建康大肆焚掠后，带着掳来的建康青年女子和财货从静安镇渡江到六合县的宣化镇，再次遭到岳飞军和乡民的夹攻，结果活捉金兵三百多人，夺回了金人所掳掠的大半财物和女子。岳飞又率部收复了满目疮痍的建康城。

45. 蒙难五国城

金太宗吴乞买废宋徽宗为昏德公，宋钦宗为重昏侯，押解到韩州，后又迁徙至距金上京会宁府东北千里的五国城。宋使洪皓从云中秘密遣人到五国城送给二帝桃、梨、栗、面等物，并致书说明了康王赵构即位迁都事。建炎四年（1130年）九月，郑太后在五国城病死。绍兴五年（1135年），太上皇宋徽宗病故于五国城。四年后，邢皇后也抑郁而死。

46. 间谍秦桧

建炎四年九月九日，刘豫被金王朝册立为大齐皇帝，建都大名府，名义上统治着金人侵占的河南、陕西之地。册文中写有"世修子礼"等语。绍兴二年（1132年），刘豫将伪齐傀儡政权迁都于汴京，配合金军侵宋。

早在靖康二年（1127年），秦桧随从宋徽宗赵佶和宋钦宗赵桓被金兵掳至燕京，秦桧便投靠了金大将挞懒。建炎四年秋天，挞懒率金兵由山东攻略淮南，秦桧以参军兼转运使的身份随行。秦桧妻王氏姿色娇美，与挞懒私通，因而得以同行。十月，在挞懒的暗示和纵容下，秦桧携带王氏和僮仆使女，从楚州乘船回到南宋，目的是让秦桧充当金国的内奸。当秦桧在越州见到宋高宗赵构时，谎称他是杀掉监管他的金兵，夺舟奔来。宋高宗深信不疑，高兴地说："秦桧忠朴过人，我见到他喜不能寐。一喜得闻二帝、母后消息，二喜得到秦桧这样的佳能人才。"于是，授予秦桧礼部尚书，三个月后，又提升为参知政事。从此，南宋朝廷对金国由且守且和转为解仇息兵，不克自振。

建炎四年（1130年）九月，金军妄图入寇蜀川。宋川陕宣抚处置使张浚命令都统制刘锡率五路大军与金兀术、讹里朵、完颜娄室所部在富平会战，结果环庆经略使赵哲畏敌先逃，宋军溃败，陕西各路军马因而丧失大半。富平之战失利后，都统吴玠和弟吴璘收拾散兵，扼守于凤翔大散关附近的和尚原。绍兴元年（1131年）十月，兀术率金兵再次猛攻和尚原，吴氏兄弟以伏兵夜袭金军，金兵大败而逃，兀术身中两箭，险些丧命。绍兴三年（1133年），金将完颜杲绕道攻饶风关，吴玠抵御失败，退守仙人关，以阻挡金军入川之路。第二年春天，兀术、完颜杲率金军进犯仙人关。吴玠等预先整治好"杀金平"战场，顽强抵御，重创金军，金军从此不再进窥川地。

47. 攘除叛逆

金兵撤退后，南宋朝廷稍得喘息，便想把那些流移靡定、叛服无常的"游寇"一网打尽,以安定内部。建炎四年(1130年)冬,宋高宗任命张俊为江淮路招讨使,负责征讨江淮一带的巨寇李成,通泰镇抚使岳飞等听从张俊节制。第二年春,张俊、岳飞率兵首先克复为李成部将马进占据的筠州,在楼子庄大败马进后,乘胜追杀引兵渡江的李成,在蕲州黄梅县攻破敌阵,马进被杀,李成率余众北去投降了伪齐刘豫。李允文、张用相继接受张俊的招安,江淮游寇全部荡平。这时,闽贼范汝为攻陷建州,韩世忠率水陆兵马三万人,进取建州。韩世忠在凤凰山安营扎寨,围城五日,大破范汝为,范汝为自焚而死,活捉范汝为的军师谢向和裨将陆必强等五百余人。平定范汝为之乱后,韩世忠又奉命进讨湖广诸盗。

为了对付拥众十余万的曹成,宋高宗起用老臣李纲为荆湖、广南宣抚使,又委命岳飞代理湖南安抚使和潭州知州,共讨曹成。岳飞领兵从道州、贺州、连州、郴州,一路跟踪追击曹成。当曹成途穷无计、转往邵州时,正巧撞上韩世忠平定范汝为凯旋,迅速由处州、信州直达洪州赣江之滨,连营数十里。曹成进退维谷,终于在绍兴二年(1132年)闰四月率众八万投降了韩世忠。绍兴三年(1133年)四月,岳飞又奉令镇压了活动在江西吉、虔二州的彭友、李满等人领导的农民武装。九月,岳飞、岳云父子受诏朝见宋高宗,赏赐衣甲、战袍之外,特赐御书"精忠岳飞"字样的一面军旗。

建炎四年(1130年)二月,钟相在洞庭湖滨发动了一场南宋时期规模最大的农民起义,建立大楚政权,改年号天载,设置将相官属。轰轰烈烈，声势恢宏，很快攻占了鼎州、澧州、岳州等地十九县。钟相被匪军首领孔彦舟杀害后，由杨么（yāo，音腰）领导起义军，自称大圣天王。他们实行陆耕水战，凭借水军优势，发挥车船威力，屡败进剿官军。绍兴五年（1135年），宋廷命令荆南制置使岳飞前往镇压杨么义军。岳飞经过精心筹划，采取政治诱降手段，利用叛徒黄佐、杨钦、全琮、刘诜等人分化瓦解起义队伍。在水寨被攻破、车船被撞碎的情况下，杨么投水自杀，被官军水手孟安救出俘获。岳飞杀害杨么和钟相之子钟子仪，并函首送往都督行府。宋高宗满心欣喜，下诏把岳飞的官阶提升为检校少保。

宋高宗利用金兵休整的间隙，曾下诏颁布黄庭坚书写的《戒石铭》，让各州县将其刻石立于衙门前，铭文是："尔俸尔禄，民膏民脂，下民易虐，上天难欺。"

48. 伪齐废亡

刘豫迁都汴京后，便派其子刘麟与金兀术联兵自泗州、楚州两地渡过淮河，大举南侵。这时，担任南宋朝廷尚书右仆射兼知枢密院事的赵鼎力劝宋高宗亲征，宋高宗闻知韩世忠在江北连战告捷，便御驾来到平江。金齐联军日趋南下，张浚长驱直至临江，召命韩世忠驻守扬州，张俊驻守建康，刘光世驻守当涂，以抵御敌兵渡江。韩世忠在大仪镇包抄金兵，金兵全部就擒。从滁州南下的金军进围庐州，岳飞令部将牛皋及时救援，金军大败退去。屯兵在泗州的挞懒和屯兵在竹墩镇的兀术，被韩世忠军死死扼守不敢轻举妄动。时值冬月,风雪交加,金人的粮道阻塞,原野空荡无物,只有杀马充饥,士气不振,怨声载道,兀术领兵乘夜北还。剩下的刘麟、刘猊等伪齐人马,见兀术率金兵撤退,仓皇抛弃军械辎重接踵而逃。宋高宗还宫后,兴冲冲地任命赵鼎、张浚为左、右宰相。张浚召集诸将庆功,并派遣张俊驻扎盱眙,韩世忠驻扎楚州,刘光世驻扎庐州,岳飞驻扎襄阳,杨沂中驻扎泗州,试图恢复中原失地。

　　岳飞在襄阳,连战连捷。他派牛皋率兵收复镇汝军,杨再兴收复河南长水县,并亲自督军作战,连败归降刘豫的李成、孔彦舟,乘胜攻克蔡州城。岳飞又派王贵、郝政、董先等部将收复了虢(guó)州和卢氏县,再进军唐州,捣毁刘豫兵营。于是,岳飞踌躇满志地疏请宋高宗,进军恢复中原。宋高宗诏饬从缓,岳飞只得还兵鄂州。刘豫惧怕岳飞征伐自己,向金国告急求援,以便先行出师南侵。而即位不久的金熙宗完颜亶对刘豫不屑一顾,只遣兀术到黎阳坐山观虎斗。刘豫遭到回绝后,仍不惜孤注一掷,凑成乡兵三十万,分兵三路进犯两淮。刘麟率中路军,由寿春出发进犯合肥;刘猊率东路军,由紫荆山出涡口进犯定远;孔彦舟率西路军,由光州出发进犯六安。东路军在藕塘一地被杨沂中拦击,大败而逃,刘猊边跑边说:"我刚才看见的大胡子将军锐不可当,真不愧是杨殿前呀!"刘麟听说刘猊败逃,也慌忙拔营回奔,杨沂中和王德领兵直追至寿春以南。金人闻听刘豫败北,遂有废弃刘豫之议。第二年(1137年),金熙宗命令兀术亲至汴京逮捕了刘豫,废为蜀王(后改封为曹王),撤销伪齐国,同时在汴京宣布成立金国行台尚书省。

49. 秦桧弄权误国

韩世忠、岳飞请求攻打金国，收复中原，朝廷没有答复。当初，何藓（xiǎn）从金国返回，才得知太上皇和太后的丧事。宋高宗在丧礼大敛后穿着丧服，任命王伦为奉迎梓宫使，前往金国。王伦向宋高宗辞行的时候，宋高宗命令王伦转告挞懒说："河南与陕西地区，既然贵国无法占有，与其交给刘豫，怎么比得上归还敝国呢！"及至金人捉住刘豫，王伦由金国返回，入朝回答宋高宗的问话时说："金人允许交还先帝的灵柩、太后以及河南、陕西地区。"于是，宋高宗又派遣王伦前往金国。当初，赵鼎、张浚同时出任丞相，后来赵鼎罢相，张浚独任丞相，再往后来，张浚罢相，赵鼎独任丞相。此后，赵鼎被秦桧欺骗，便向宋高宗进言说秦桧可以委以大任。至此，宋高宗任命秦桧为丞相，罢免了赵鼎的相职。秦桧专门主张与金国停战媾和，于是中兴已经毫无希望了。

宋高宗将京城定在临安以后，王伦与金国使者一同前来，商议把河南、陕西地区交还给宋朝。金国使者号称"颁诏晓示江南"。礼部侍郎曾开草拟国书，朝中议论国书写得低声下气，过于软弱，宋高宗没有接受这一意见。于是，晏敦复、尹焞（tūn）、朱松、李纲等人极力进言国书写得不妥，胡铨（quán）上疏极力直言，结果被贬黜到广州。秦桧使勾龙如渊担任御史中丞，使孙近担任参知政事，对凡是不附和自己的人们，便动摇他们的地位，使他们全部离职而去，于是大权完全掌握在秦桧手中了。与金国达成停战协议以后，宋高宗任命王伦为东京留守。王伦来到汴州，金人归还了河南、陕西地区。宋高宗任命方庭实为东、西、北三京宣谕使。方庭实来到西京洛阳，首先去朝拜历朝诸帝的陵园墓室。自宋太祖以下诸帝的陵墓全部遭到发掘，宋哲宗的尸骨甚至在露天之中，无所遮蔽，方庭实只好脱下衣服，盖在尸身上面。方庭实回朝以后向宋高宗禀报，秦桧对他怀恨在心。张焘（tāo）从金国回朝，宋高宗问他诸帝的陵园墓室情况如何，张焘没有回答，只说他本人永远不会忘掉这伙贼人，宋高宗沉默不语。秦桧厌恨他们，使他们二人都获罪被贬。

　　兀术向金熙宗完颜亶进言说："挞懒、蒲卢虎主张将河南、陕西割让给宋朝，肯定会有阴谋。现在宋朝使者正在汴州，不要让他越过边境。"王伦得知消息以后，立即派遣消息传递人员把情况全部报告给朝廷。适逢孟庾来到汴州，王伦便让孟庾暂时代理留守的职务，自身以使者的身份前往金国议事。正巧赶上挞懒反叛，金人便扣留了王伦，要求归还河南、陕西地区，王伦极力反对。金国打算使王伦归降，王伦不肯屈服。他头戴朝冠，身穿朝服，面向南方拜了两拜，痛哭着说："已故的先人文正公且因言行正直而得以辅佐太宗、真宗两朝，我怎么敢有辱使命？"于是他被金人杀死。金国的兀术、撒离喝兵分两路入侵宋朝，再次攻陷河南、陕西各州郡。

武士像

50. 刘锜智勇杀敌

东京副留守刘锜率领部下四万人奔赴东京开封府，来到涡（wō）口的时候，听到金人撕毁盟约、出兵南下的消息。刘锜与将士丢开船只，登陆行军，急忙赶到顺昌。探子报告说东京开封府已经归降金军，知府陈规来见刘锜，问他有何对策，刘锜说："只要城中还有粮食，我就能够与您共同守城。"陈规说："城中有数万斛米。"刘锜说："这就行了。"他便与陈规商议收聚兵马进城，去做防守的打算。

当时，城中没有任何足以凭依的防守设施，刘锜督促人们取来车轮车辕，埋在城上，又撤掉百姓的板门，在周围遮蔽起来。总共用了六天时间，准备粗略完成，而这时金国军队便将全城围困起来了。刘锜在夜间派遣一千多人进击金军，杀掉很多敌人。不久，金国的乌禄率领三万兵马逼近顺昌城，刘锜使用破敌弓，辅以神督弩，将金军射退。刘锜又派出步兵截击敌军，淹死在河里的敌军多得不计其数。于是，金军将营寨迁移到李村。刘锜派遣阎充募集了五百名健壮的战士，在夜间前去猛劈金军的营地。这一夜，天将下雨，闪电四起，阎充军只要见到头发结成辫子的人就予以歼灭。刘锜又募集了一百人，折来竹管，做成可以吹响的物件，就像儿童游戏一样，每人手拿一个物件作为标志，径直进入敌营，乘着闪电的光亮奋力进击。他们听见吹响物件的声音就聚集在一起，闪电一停，便潜伏不动，敌军人众大为混乱。当此时，宋军整夜自行战斗，敌人的尸体堆满了原野，敌军退到老婆湾才驻扎下来。

兀术在汴州得知消息以后，当即要来靴子穿上，翻身上马，率领十万人马前来援救。兀术来到顺昌城下，责备各位将领损兵折将的罪责。大家都说："此次南朝用兵，并非往日可比。元帅亲临城下，自然就会看到。"刘锜派遣耿训送书信去约定交战的日期，兀术生气地说："刘锜怎么有胆量与我交战？用我的兵力攻破你们的城池，简直就如同用靴子尖把它踢倒罢了。"耿训说："刘太尉不仅要求与您交战，而且说您肯定不敢渡过颍河。我们愿意送给你们五座浮桥，让金军渡过河来，再大战一场。"黎明时分，刘锜果然在颍河上搭起五座浮桥，敌军便从浮桥上过了颍河。刘锜派人在颍河上游的水里以及城外的草丛之中撒了毒药，告诫军中将士即使渴死，也不允许喝颍河水。当时，正当盛暑时节，敌军远道前来，疲乏困顿，人马又饿又渴，喝了颍河水或吃了颍河边的草的人员马匹，就立即中毒病倒。刘锜军士气安闲自若，各军轮番休息。刚到早晨的时候，刘锜按兵不动，等到正午刚过的未时和申时，这才出兵交战，以锐利的斧头猛冲敌军。敌军大败而逃，死去的人有数万之多。这一天夜晚又下起了大雨，平地上水深一尺有余，兀术便逃回汴州去了。

51. 岳飞大破"拐子马"

韩世忠派遣军队收复了海州，张俊派遣王德收复了宿州，王德乘胜进入亳州。岳飞收复了河南的许多州郡，将大军留在颍昌驻扎，命令各位将领分路出兵交战，自己却率领轻装骑兵驻扎在郾（yǎn）城。兀术会合了龙虎大王、盖天大王以及韩常的兵马,率众进逼郾城。岳飞派遣儿子岳云带领骑兵径直猛冲敌阵,岳云与金人交战,共计打了数十回合,金军尸体布满原野。兀术指挥一万五千人组成的拐子马冲上前来,岳飞告诫步兵用麻扎刀,冲入敌阵,都不往上看,只去劈砍马腿。拐子马连在一起,一匹马仆倒以后,别的马就不能行进。岳飞军奋力进击,大破拐子马。兀术非常悲痛地说:"自从海上起兵以来,我都是用这拐子马取胜,现在完了。"他气愤已极,又来侵犯颍昌,岳飞派遣王贵、岳云再次将他打得大败。兀术连夜逃走,岳飞军追击了十五里地,中原士气大振。

  岳飞派遣梁兴渡过黄河,与太行山义士和两河豪杰会合,在垣曲打败了金人,接着又在沁水打败了他们,于是攻下怀州和卫州,切断了太行山的通路,使金人非常恐惧。岳飞又在朱仙镇大败兀术,兀术逃回汴州。岳飞派人修整诸帝的陵墓。兀术打算丢弃汴州北去,有一位书生挽住兀术的马缰进言说:"太子不用走,岳少保就要退兵了。"兀术说:"岳少保用五百名骑兵打败了我的千军万马,京城百姓日夜盼望他前来,他怎么会退兵?"书生说:"自古以来,没有专擅权势的大臣在朝廷用事,而大将在外面能够建树功勋的。岳少保本难免一死,何况打算完成功业呢!"兀术醒悟过来,便留在那里,不再离开。

  当时,梁兴会合太行、两河的义军豪杰,结成了忠义社。中原地区的磁、相、泽、潞、晋、汾、隰、卫各州,都已定下出兵的日期,与官军会合。各州将所举的旗帜,一律以"岳"字为号。父老百姓争着拉车牵牛,给各军运送干粮。自燕京以南,金人的号令失去了效力。兀术打签令征兵，抵抗岳飞，河北地区没有一人去响应他。于是兀术叹息着说："自从我由北方起兵以来，还没有受到过今天这样的挫败。"金军将领乌陵思谋平素号称骁捷英勇，狡黠多谋，这时也不再能够控制自己的部下。他只告诉部下说："不要轻举妄动，等岳家军来了的时候，你们就投降吧。"金军将领王镇、崔庆以及韩常等人都率领人众归附朝廷。岳飞大喜，对部下说："等一直打到黄龙府的时候，再让我与诸位痛痛快快地饮酒吧。"

52. 岳飞蒙冤被害

当时，金熙宗完颜亶纵情饮酒，耽于逸乐，荒废政务，将士人心离散。蒙古兵兴起以后，金国势力逐渐微弱，善于领兵打仗的将领只不过兀术一人，宋朝有收复失地的时机。然而，秦桧正打算将淮北地区划归金国，以图与金国讲和，便暗示御史台的官员上奏请求宋高宗命令各位将领撤军。而且，秦桧知道岳飞锐意进取，难以让他回军，因而他上奏说："岳飞孤军深入，不可久留，请迅速将他召回。"于是，岳飞在一天时间里便接到宋高宗召他回军的十二道金牌。岳飞极度悲愤，眼泪夺眶而出。他面向东方拜了两拜，说道："十年的努力，在一日之内便遭废弃，实在可惜。"于是岳飞带领兵马从郾城撤回。百姓拦住岳飞的坐骑放声痛哭，还告诉岳飞说："我们头顶香盆，运送粮食，准备迎接官军，金人完全了解这种情况。相公离开以后，我们便无法存活了。"岳飞也悲痛地流下了眼泪。他拿出诏书给大家去看，还

前敌回报

说:"我不能够擅自留下。"于是,哭声震动了原野。岳飞停留了五天,以便等候百姓迁居,跟随岳飞南下的百姓多如市集的人群,岳飞连忙奏请在汉水沿岸六郡闲置的田地上安顿这些人们。岳飞撤回以后,他新近收复的河南府各个州县,重新被金军占领了。

岳飞来到鄂州,极力请求解除自己的兵权,宋高宗没有答应。不久,岳飞入朝觐见,宋高宗对他安慰一番,岳飞只是下拜称谢而已。秦桧极力主张停战媾和,唯恐各位将领难以控制,打算完全收回他们的兵权,便将韩世忠、张俊罢免为枢密使,将岳飞罢免为枢密副使,将刘锜罢免为知荆南府。当时,兀术给秦桧写了一封书信,内言:"你们天天都在请求停战媾和,但岳飞正在计划收复河北,所以你们必须杀掉岳飞,金宋两国才能够议和。"秦桧也认为如果岳飞不死,终究妨碍停战媾和,肯定会为自己招来祸事,所以极力谋划杀掉岳飞。于是他暗示谏议大夫万俟卨(mò qí xiè)等人轮流上章,论说岳飞在接受圣旨援救淮西的时候畏惧敌军,逗留不进,使他被罢黜为万寿观使、奉朝请。

秦桧决意杀害岳飞,便与张俊秘密策划,诱引岳飞的部下中能够控告岳飞的人,用重赏优待告发人,但始终无人答应。秦桧听说岳飞部下统制王俊善于告发别人的阴私,号称"雕儿",便让人开导他,王俊应承下来。张俊便由自己写好状文,交给王俊,让他凭空说副都统制张宪图谋占据襄阳,使岳飞重掌兵权。张俊捉住张宪,将他押至镇江行枢密院审讯,张宪被拷打得体无完肤,但始终不肯屈服。秦桧诈称有诏传召岳飞父子验证张宪之事,岳飞笑道:"上有天,下有地,我这一片心迹终究可以表白。"于是,他与岳云前往大理寺接受审理。

秦桧指使中丞何铸、大理卿周三畏审讯岳飞。何铸将岳飞拉到庭前,责问他反叛的情形,岳飞撕开衣裳,将脊背显示给他,但见脊背上面有以往涂墨刺下的"尽忠报国"四个大字,字迹深深刺入皮肤里面。不久,经过核实,指责岳飞的罪责全无证据。何铸看出岳飞受到冤枉,便把情况报告给秦桧,秦桧说:"这是圣上的意图。"何铸说:"强大的敌人还没有消灭,却无缘无故地杀死一员大将,这会使将士离心,并非国家的长久之计。"秦桧便改让万俟卨审讯岳飞。万俟卨平素与岳飞结有嫌怨,因此他便诬陷岳飞指使于鹏、孙革给张宪和王贵写去书信,让二人凭空申报探子得来的消息,以便震动朝廷,说是岳飞给张宪写去书信,指使他设法安排岳飞重返军中,而且说岳飞的书信已经被烧掉了。

岳飞获罪被押,历时两个月,没有足以证实他有罪的事实。大理卿薛仁辅等人都说岳飞无罪,判宗正寺士㒟请求以自家一百口人的性命来担保岳飞,秦桧全然不听。韩世忠心中愤慨不满,责问岳飞犯罪的事实,秦桧说:"虽然岳飞的儿子岳云给张宪写去的书信没有明证,但这件事在情势上说来或许还是有的。"韩世忠说:"'或许有'这三个字,怎么能够使天下人心服呢!"韩世忠直言上疏,陈述秦桧欺骗君主、贻误国家的罪行,秦桧暗示谏官抨击他,使他被罢免为醴泉观使。从此,韩世忠闭门独处，谢绝宾客，闭口不谈用兵之事，时常骑着驴，带着酒，让一两个侍从的童子跟随在身边，纵情游览西湖，聊以自得其乐，平日的将领佐吏很少能够同他见面。这样过了十多年，韩世忠便故去了。

当时，已经到了年底，但岳飞的罪过仍然不能定案。有一天，秦桧亲手写了一张小纸条交给监狱，监狱当即上报岳飞死去，这时岳飞才三十九岁。岳云与张宪都被判处死刑，在闹市处决。凡是为岳飞昭雪冤情的人，有的被贬官，有的被处死；罗织拼凑成岳飞罪案的人，一律晋升官位品级。当时，洪皓正在金国，他用蜡丸密封的书信上奏，说是金人畏惧并佩服的将领，只有岳飞一人，及至金人听说岳飞故去，各位首领都斟满了酒相互庆贺。

岳飞侍奉老人极为孝敬，慷慨地立下志向，念念不忘恢复中原，对自己的日常供养非常菲薄。凡是准备有所行动的时候，岳飞便召集各位统制前来商议，商议出成算以后才去交战，因此他战无不胜，仓促遇到敌军，也毫不动摇。所以敌人形容他的军队说："撼山易，撼岳家军难。"有一次，张浚向他询问用兵的方法，岳飞说："仁、智、信、勇、严，缺少一条也不行。"岳飞礼遇贤士，广泛涉猎经书史籍，风雅地吟诗作赋，在宴会上以箭投壶，谦卑顺和得就像一个念书人一样，然而他恪守忠信，高亢激昂，发表议论时坚持正义，不肯阿谀，终于因此招致了杀身之祸。

53. 高宗称臣

达成停战协议以后，宋高宗任命何铸为签书枢密院事，让他前去向金国上表称臣，还将唐、邓、商、秦等地割让给金国。何铸等人向宋高宗辞行，宋高宗把他们叫到内殿，告诉他们说："朕盼望身在北国的父母亲人，眼泪都流干了。你们见到金主，应该说朕的母后大人留在金国，只不过是一位老妇人而已，对于本国来说，所关系到的却十分重大。你们要用最大的诚意去说服金主，或许他会受到感动。"何铸来到金国。首先便请求让太后归国，金熙宗完颜亶说："前朝已经这样处理了，怎么能够擅自改变？"副使曹勋再三恳切请求，金熙宗完颜亶才答应下来，于是打发何铸回国。

金国派人带着君主穿戴的礼服和礼帽前来，册封宋高宗为大宋皇帝，归还了宋徽宗皇帝以及宋徽宗的皇后郑氏、宋高宗的皇后邢氏的遗体。宋高宗的生母韦氏从金国归来，居住在慈宁宫。宋高宗将贵妃吴氏立为皇后。吴皇后是开封人氏，读书颇多，熟悉历史，擅长诗文书画，才能与姿色兼备，曾经身穿军装在宋高宗身边服侍，宋高宗非常爱她。宋高宗可怜邢皇后身陷金国，所以虚称等待邢氏来做中宫皇后。至此，宋高宗才将吴氏立为皇后。从此，宋高宗向金国称臣纳贡，边境略微安宁了一些。

54. 秦桧碎尸

秦桧自认为天下太平，自己立了莫大之功，便专门以猜忌贬斥朝中忠良为己事。秦桧前去上朝，仗义之士施全在道上手中持刀，拦住秦桧的轿子刺杀他，没有刺中，结果被杀。秦桧决意杀害赵鼎、李光、胡铨、张浚等人，及至赵鼎故去，秦桧仍然怀恨不已，便将赵鼎的儿子赵汾等人押进大理寺的监狱，诬陷他们与张浚、李光、胡寅、胡铨等五十三人阴谋反叛朝廷。对他们的审理刚刚定案，秦桧已经病得无法写字，被诬告的人们这才获得释放。宋高宗颁诏将秦桧封为建康郡王。当天夜里，秦桧死去。

秦桧担任宰相十九年，控制国君，提倡和议，贻误国家，一时间忠臣良将几乎被斩尽杀绝；他公然大开收受贿赂之门，拥有的财富可与国家相匹敌，直到他死后，仍然有外国的珍宝送上门来。秦桧晚年尤其残忍，屡次制造巨大的罪案。秦桧因没有儿子，便把内侄王熺（xī）过继为子嗣。至此，宋高宗勒令王熺辞官回家，将他尚在官位的亲近同党贬官。

秦桧的坟墓坐落在金陵江宁镇，岁久年深，一片荒芜。到明成化二十一年秋八月，秦桧的坟墓被强盗发掘，得到的财物数以万计。强盗被捉获以后，主管部门故意替他开脱罪行。秦桧与妻子王氏超越职分，使用水银装殓尸身，面色有如生前。主管部门暗中让人将他碎尸，分别丢进各处的厕所中，这也算令人为之一快的事情吧。

55. 金邦内讧

金国的完颜亮杀掉金熙宗完颜亶，自立为国主，准备吞并宋朝，完成统一之业，便将画工暗中隐藏在使者中间，让画工描绘临安的湖山景色，带回来作为屏风。他让画工将自己的肖像画在吴山的最高处，还在画上题写了诗句，其中有"万军车书盍混同，江南岂有别疆封，提兵百万西湖上，立马吴山第一峰"的句子。于是金废帝完颜亮派遣使者向各道征调兵马，将都城迁徙到燕京。宋钦宗在金国故去，宋钦宗的皇后朱氏在五国城生下皇子赵训，在金国不知死于何处。金废帝完颜亮让高景山、王全前来索求汉水淮水地区，宋高宗向他们问话，王全说："现在赵桓已经死去了。"宋高宗这才知道靖康帝的死讯。

完颜亮准备南下入侵的时候，太后徒单氏居间劝阻，完颜亮杀死太后徒单氏，便大规模地入侵南宋。完颜亮拥有人众六十万，号称一百万，南宋远近各地非常震惊，淮南东路和淮南西路失守。完颜亮率领大军亲临长江上的采石誓师，准备第二天横渡长江。适逢虞允文接受命令前往芜湖迎接李显忠，让王权把军队交接给他，并且在采石犒劳官军。虞允文来到采石的时候，王权已经离去，李显忠还没有来到，敌人的骑兵比比皆是，而官军三五成群，稀稀落落。虞允文认为，坐等李显忠，就会耽误国家大事，便立刻召集各位将领，以忠义勉励大家，大家请求奋死出战，虞允文这才命令各位将领结成阵列。部署刚刚完毕，敌军已经在大声呼喊，指挥百万船只渡江前来。敌军抵达长江南岸，径直向宋军压来，宋军稍有退却。虞允文进入阵列中，抚摩着统制时俊的脊背说："你的胆量才略四方闻名，如果你站在军阵的后面，就成了小儿女子了。"时俊立即挥动双刀出战，战士在江心拼死战斗。宋军用海鰌战船冲击敌人，敌人的船只全被击沉。敌军有一半已经战死，另一半仍在战斗，直到天色向晚还没有退却。恰好有溃逃的宋兵从光州来到采石，虞允文将旗帜和战鼓发给他们，让他们从后山绕道而出。敌军怀疑宋军有援兵赶到，便开始退逃。虞允文命令劲弩手尾随追赶，放箭射击，将敌军打得大败，完颜亮只好率领军队前往扬州。

金人对完颜亮的残暴心怀怨恨，便另外拥立曹国公乌禄为金帝，乌禄改名完颜雍。完颜雍下诏揭露完颜亮的数十条罪恶，派遣兵马截断了他的归路。完颜亮来到瓜洲，召集各位将领，约定在三天以内渡过长江，否则，将他们全部杀掉。将士恐惧不安，又听说曹国公乌禄在辽阳即位，便一起图谋杀死了完颜亮。金军渡过淮水，回到北方，金世宗完颜雍派遣使者前来宋朝通修好。宋朝派遣起居舍人洪迈出使金国，去祝贺金世宗即位，并且请求收回黄河以南的土地，打算与金国更正敌国之礼，完颜雍没有同意。

56. 宋孝宗初战再和

当初，宋徽宗和宋钦宗二帝车驾北行，金国根据宋朝皇室族谱《玉牒》去追捕宋太宗的后人，宋太宗的后人很少能够保全性命，只有宋高宗得以逃脱。宋高宗的后人只有元懿太子赵旉，但在三岁的时候便已死去。由于宋高宗没有儿子，便选定宋太祖的儿子秦王赵德芳的五世孙赵偁（chēng）的儿子赵伯琮（cóng）作为自己的儿子，命令张婕妤养育他。赵伯琮六岁的时候，宋高宗将他封为普安郡王。普安郡王天姿英明，性情豁达，气量宽宏，平时的服饰、车马、器用等项物品，都很俭朴，经常以经书史籍自娱情怀，骑马射箭，诗词书画，都高人一筹。至此，赵伯琮已经三十岁了。宋高宗知道赵伯琮贤能，便为他改名为赵瑗（yuàn），将他立为皇侄。没过多久，就又为他改名为赵昚（shèn），将他立为皇太子。宋高宗在位三十六年的时候，将帝位传给了皇太子，自称太上皇，退居德寿宫，还对群臣说："交托皇位的人选选择得当，我没有什么忧虑了。"二十六年过后，宋高宗故去。

赵昚即位，这就是宋孝宗。宋孝宗恢复了岳飞的官职爵位，按照礼仪为岳飞改葬，还将岳飞的六个孙子任命为官。宋孝宗一心收复失地，任命张浚为枢密使，让他统领长江、淮水地区的兵马，在建康设立府署，辟置僚佐。张浚入朝觐见，认为："秋天一到，金人肯定要在边疆制造祸患，应当赶在他们发兵之前来攻打他们。"宋孝宗认为言之有理。史浩阻止攻金，宋孝宗不肯听从，便计议出兵渡过淮水。适逢李显忠、邵宏渊二人也进献攻打虹县与灵璧二城的计策，宋孝宗命令事先将这两座城池绘制成图。张浚便派遣李显忠由濠州出兵，奔赴灵璧；派遣邵宏渊由泗州出兵，奔赴虹县。金国都统萧琦用拐子马前来抵御，李显忠与萧琦奋力交战，于是收复灵璧。李显忠进城后，宣布朝廷的恩典，没有诛杀任何一人，因此，前来投奔依附的中原将士前后相继。邵宏渊谋取虹县，历时经久，未能攻克，李显忠派遣归降的灵璧士兵以孰祸孰福的道理开导虹县的金兵，金国守将这才出城投降。邵宏渊因自己没有建立功劳而深感羞耻，适逢有归降的金军千户申诉邵宏渊的士兵夺走他的佩刀，李显忠当即将该人斩杀，从此两位将领关系不睦。

李显忠在宿州打败并擒获了金将萧琦，收复了宿州城。捷报上达朝廷，宋孝宗亲自写信慰问张浚说："近日边境上报的消息，使朝廷内外深受鼓舞，十年以来，还没有取得过这样的胜利。"金国的孛撒复率领步兵、骑兵十万人，前来攻打宿州，李显忠率领部下奋力作战，将孛撒复击退。邵宏渊因前一次自己没有立功而深以为耻，因而按兵不动，而且看着大家说："时值盛夏，连扇扇子乘凉都没有工夫，哪有闲暇身披盔甲、艰苦出战呢！"于是人心动摇，斗志丧失，诸位将领各自逃走。李显忠形势孤立，难以成功，便在夜间领兵退回。来到符离的时候，李显忠军纷纷溃散，军用物资与器械几乎丧失一空。张浚回军扬州，上疏弹劾自己的过失，宋孝宗因军队在符离溃散，便计议讲和，因而将张浚贬官。张浚出行，驻扎在余干，便得了病，数天后故去。于是，宋孝宗拿定主意与金国订立和约。这大概因为当时正值金世宗完颜雍为政贤明，没有可乘之机。适值金国派遣使者前来责问宋朝，同时也来督促宋朝交纳每年应该进贡的钱币。宋高宗派遣魏杞前往金国，改正与金国之间的敌国之礼，将给金国的上表改为上书，把向金国称臣改为称侄，减少宋朝每年交纳的钱币十万，才返回宋朝。于是，南北两国言归于好，双方都得到休息生养的机会。

57. 朱子治学

宋孝宗明察善断，刚毅过人，节省用度，爱护百姓，喜欢学习,勤于政事,接受劝谏,崇尚儒理,推重道学,疏远并贬斥宦官,严格整治贪官污吏,在游乐纵欲方面无可指责,成为南宋贤明的君主。宋孝宗任命虞允文、梁克家、陈俊卿等人为宰相,政治清明,国家安定,人民乐于从事本业。

朱熹所著《资治通鉴纲目》一书写成,进献给宋孝宗。朱熹,字元晦,婺(wù)源人氏,婺源便是今江西省婺源。朱熹从少年时代起便有追求大道的志向。父亲朱松官居知饶州,病情恶化的时候,曾嘱咐朱熹说:"胡宪、刘勉之、刘子翚(huī)三人很有学问,是我敬畏的人物。我死以后,你应当拜他们为师。"于是,朱熹便前去投师学习。胡宪,是胡安国的侄子,宋高宗在位时期,禁止程颢、程颐倡导的理学,胡宪与刘勉之寻求到程颐的著作,暗中抄写,默默诵读,夜以继日。刘勉之盖了一所草堂,自己在草堂中读书,勤勉耕作,自给自足,性情恬淡,与世无争。刘子翚,是刘韐(gé)仲的儿子。刘勉之与胡宪、刘子翚每天互相往来,讨论学问,向他们求学的人接踵而来。

刘勉之将女儿许配给朱熹为妻,朱熹得到道学的正统,便是从就学于刘勉之而起步的。朱熹又听说延平府李侗(tóng)就学于罗从彦,罗从彦就学于杨时,杨时就学于程颢、程颐,便步行前去跟随李侗学习。朱熹得到《大学》《中庸》《论语》和《孟子》各书的传授,便撰写成《四书集注》一书,开创了后世儒家学说的宗派。朱熹的弟子蔡沈还撰写成《书经集传》一书。朱熹又与张栻、吕祖谦等人交往。张栻,字敬夫,是张浚的儿子,世称南轩先生。吕祖谦,是吕好问的孙子,世称东莱先生。吕祖谦的曾祖吕希哲与程颐等人交游,以儒学与品行知名于世。所以吕氏子孙素有中原图书文物的传授。

朱熹历来出任地方官员,至此,宋孝宗任命朱熹为兵部郎官。兵部侍郎林栗说:"朱熹在所到之处,带着数十名门生,习惯表达春秋战国年代的志趣,虚妄地仰慕孔子与孟子到处接受征聘的风气,按照治理人世的法则衡量他们的行为,便是搅乱人心的祸首。"于是,朱熹辞官而回。

58. 宫廷祸乱

宋孝宗淳熙十四年(1187年)十月,太上皇驾崩。宋孝宗孝敬奉养太上皇无微不至,在太上皇驾崩的日子里,宋孝宗哀痛孺慕,尤为深切,决定为太上皇服丧三年。群臣屡次请求遵照以日易月,缩短服丧期的制度,宋孝宗不肯听从,便颁诏让皇太子参与决断朝中各项政务。宋孝宗在位二十七年,把帝位传给了太子赵惇,这就是宋光宗。宋光宗将宋孝宗尊为寿皇圣帝,寿皇圣帝退居重华宫。

宋光宗打算诛杀宦官,亲近宦官都害怕了,便策划离间寿皇圣帝与宋光宗皇后的关系。宋光宗怀疑其事,无法使自己解脱出来。适逢宋光宗得了心疾,寿皇圣帝买来上好的药物,打算趁宋光宗前来重华宫的时候交给他。于是,宦官告诉李皇后说:"太上皇合成一大丸药物,等皇上的宫车经过的时候,便要下药,万一发生意外,宗庙社稷将怎么办呢?"因此,李皇后心中衔恨寿皇圣帝。

不久，内宫举行宴会，李皇后请求将嘉王赵扩立为皇太子，寿皇圣帝没有答应。李皇后退席后，拉着嘉王赵扩在宋光宗面前哭诉，说寿皇圣帝有另行废立的打算。宋光宗被李皇后所迷惑，便不再朝拜寿皇圣帝。李皇后又因黄贵妃得到宠爱，便趁着宋光宗祭祀太庙祖先，在斋宫住宿的机会，杀害了黄贵妃，却按黄贵妃突然死去上报宋光宗。第二天，宋光宗合祭天地的时候，风雨大作，祭坛的灯烛灭了，合祭的礼仪还没有完成便作罢了。宋光宗听说黄贵妃故去，又赶上这一变故，又惊又怕，病情加重，便不再上朝断事，朝中政务多数由李皇后决定，李皇后更加骄傲放纵了。

寿皇圣帝听说宋光宗生病，急忙前往南内探望宋光宗，而且将李皇后责备一番。李皇后对寿皇圣帝的怨恨更加深了。宋光宗病愈，群臣请宋光宗前往重华宫拜见寿皇圣帝，宋光宗已经应承下来，李皇后从中阻挠，结果便没有成行。自从宋光宗因病不能上朝断事以来，胡晋臣与留正齐心辅佐朝政，朝廷内外都很安定。

寿皇圣帝身染疾病，宋光宗与皇后却在玉津园游玩。兵部尚书罗点请宋光宗首先去重华宫探望，宋光宗没有答应。起居舍人彭龟年接连上疏恳切劝谏，宋光宗不作答复。上疏请宋光宗探望寿皇圣帝的群臣接连不断，宋光宗又借口有病，推辞不去。彭龟年、黄裳等人上奏，请宋光宗让嘉王赵扩前往重华宫问候寿皇圣帝的病情，宋光宗应承下来。嘉王赵扩来到重华宫，寿皇圣帝为此而感伤悲痛。寿皇圣帝驾崩后，宋光宗托称有病，不肯外出。

留正与赵汝愚经商计请宋孝宗的母亲吴太后暂时垂帘主持丧事，将宋高宗的皇后寿圣皇太后吴氏尊为太皇太后，将寿成皇后谢氏尊为皇太后。叶适对留正说："皇上染病，不能主持丧事，将拿什么话去向天下交代？如今嘉王已经长大，如果能够及早将他立为太子，让太子参与决断朝政，疑虑与谤言就会消散了。"留正依言而行，率领同平章事、参知政事、左右丞、枢密使等入朝上奏说："皇子嘉王已成就了仁厚孝敬的品德，应当及早确立太子之位，以便安定人心。"宋光宗没有答复。

隔了六天，宋光宗批示说："朕经历世事已有多年，想要退位赋闲了。"留正得到批示，非常恐惧，便乘朝见之机，佯装仆倒在殿庭之前，随即走出京城大门，上表请求告老。赵汝愚打算让太皇太后降旨把帝位禅让给嘉王赵扩，恰好宋光宗上朝的时候，忽然仆倒在地，当时正要举行除服祭礼，赵汝愚、叶适等人便与知阁门事韩侂（tuō）胄定下计策。韩侂胄是韩琦的五世孙，是太皇太后吴氏妹妹的儿子。韩侂胄将准备实行帝位禅让的意图禀告给太皇太后吴氏，太皇太后同意。

绍熙五年（1194年）甲子日举行除服祭礼的时候，赵汝愚率领同事向太皇太后上奏言事，从袖中拿出拟定的表章上奏，说是"皇上因病至今无法主持丧事，曾经亲笔写下打算退位赋闲的批示，因此，可以让皇子嘉王赵扩即皇帝位，将皇上称为太上皇"。太皇太后看完奏章说："很好。"便命令赵汝愚颁旨谕示皇子嘉王赵扩即位，这就是宋宁宗。众人扶着皇子赵扩来到几筵殿，举行祭奠，极尽哀痛，于是身穿丧服前往重华殿登上帝位，待百官朝见问候结束以后，他才入内举行除服的祭礼。赵汝愚当即在举办丧事期间奏请将留正召回，百姓心悦诚服，朝廷内外安然无事。宋光宗在位五年便禅让帝位，又经过六年驾崩。

59. "伪学"之争

宋宁宗任命留正、赵汝愚为左、右丞相，任命朱熹为待制兼侍讲。韩侂胄打算就定计拥立宁宗一事请功，赵汝愚说："我是皇室同宗，你是外戚，怎么能够邀功请赏？"赵汝愚只将韩侂胄提升为宜州观察使兼枢密都承旨，韩侂胄大为失望。然而，由于韩侂胄经常传达诏书的旨意，逐渐受到宋宁宗的亲近宠爱，时常乘机暗中恃势弄权。被罢免左丞相职务以后，留正夜以继日地图谋使赵汝愚离开相位。他首先引荐同党在御史台和谏院任官，罢免了朱熹的职务。赵汝愚上书请求将朱熹留下，宋宁宗没有同意。韩侂胄谋划驱逐赵汝愚，但为找不到适当的名义而为难，便与京镗（tāng）商议，京镗说："那人是宗室同姓，诬蔑他图谋危害国家，就能够一网打尽了。"韩侂胄认为言之有理。

由于李沐对赵汝愚怀有怨恨，韩侂胄便引荐他担任右正言，指使他参奏赵汝愚。于是，宋宁宗罢免了赵汝愚的右丞相职务，外放他为知福州，大权全部掌握在韩侂胄手中。李祥、章颖、徐谊、杨简等人纷纷直言上疏，请求将赵汝愚留下，李沐弹劾他们结党，宋宁宗将他们全部贬斥。太府寺丞吕祖俭上书，为赵汝愚的忠诚辩白，同时论说朱熹、彭龟年不应该遭受罢黜，宋宁宗将吕祖俭流放到吉州，使他最终在被贬之地故去。韩侂胄怨恨赵汝愚，打算诬陷朱熹等人有罪，便上疏参奏朱熹的门人以及知名之士，将其学说视为欺世盗名的"伪学"。宋宁宗将原来的宰相赵汝愚流放到永州，赵汝愚来到衡州的时候突然故去。天下之人得知这一消息，都替赵汝愚冤枉。

朱熹住在家中，起草了长达数万言的密封上奏的奏章，极力陈述邪恶之人蒙蔽君主的祸患，申明赵汝愚的冤屈。誊写完了以后，家中子弟和门下各位学生都劝阻他，认为肯定将会自招祸患，朱熹不肯依从。门人蔡元定请求通过占卜决定上书与否，结果占得由"遁"卦变为"同人"卦，朱熹沉默不语，将奏稿拿出来烧掉，而自己也因此次占卦而自号遁翁。

当时，禁止伪学更为急迫，《六经》《论语》《孟子》《大学》《中庸》等书，被当世严加禁止，宋宁宗颁诏命令各监、各司、各军主帅、各地长官在推荐人才或改迁官职的时候，一概要在奏牍前面声明自己不是伪学中人。适逢举行乡试，主考的部门事先调取考生填写的年貌册，一定让考生写上"不是伪学"四字。于是设置了登记伪学的花名册，其中有赵汝愚、留正、周必大、王蔺（lìn）、朱熹等，一共五十九人。婺州尚未入仕的读书人吕初泰上书请求杀掉韩侂胄，宋宁宗颁诏将吕初泰发配到钦州牢城，加任韩侂胄为太傅，封为平原郡王。韩侂胄嫌以前的做法不得人心，打算稍加改弦更张，以便消除朝廷内外的非议，便恢复了赵汝愚的官职，对伪学的禁阻也松弛下来，因伪学而被贬黜的人们又逐渐官复原职。

60. 宁宗伐金

当时,有人劝韩侂胄应该建立盖世功名,以巩固自己的地位,韩侂胄深以为然,收复失地的提法于是兴起。邱崈（chóng）劝阻韩侂胄,韩侂胄不肯听从。宋朝制造战船,增设襄阳骑军,追封岳飞为鄂王。后来,宋理宗又给岳飞追加"武穆"的谥号。宋宁宗向全国各地颁布了讨伐金国的诏令,任命程松为四川宣抚使,任命吴曦为副使。吴曦平素便有反叛朝廷的打算,在得以回到四川后,又拥有了兵权,便决意反叛,暗中将阶、成、和、凤四州献给金国,以便要求金国把他封为蜀王。韩侂胄分路出兵。王大节率领军队收复蔡州,未能取胜；郭倪让郭倬（zhuó）、李汝翼、田俊迈会师以后前去收复宿州,结果被打得大败,金人将田俊迈捉获；皇甫斌在唐州战败；李爽在寿州战败。由于出兵毫无建树,韩侂胄便让邱崈替代邓友龙担任两淮宣抚使,驻军扬州。邱崈来到扬州,布置各位将领率领殿前司、侍卫马军司和侍卫步军司驻守长江的全部军队,分别防守长江与淮水。宋朝廷将王大节、李汝翼、皇甫斌、李爽等人贬官,在镇江杀掉了郭倬。

金人分路出兵,前来侵犯宋朝,宋朝廷让邱崈督促视察江淮军马。金人攻打淮南日益急切,有人劝邱崈放弃庐州与和州两地,做防守长江的打算,邱崈说:"如果放弃淮水地区,就使我国与敌人一齐拥有长江天险了。我自当与淮南共存亡。"于是他又增加兵员,防守淮南。金兵渡过淮水,进入安丰军,于是围困和州,长江南岸的人们大为震惊。邱崈派遣使者前往金军讲和,金人答应了他的要求，回军下蔡，解除对和州的包围。金国将吴曦立为蜀王，吴曦叛宋降金。四川转运使安丙与监兴州杨巨源、四川总领刘崇之、兴州中军李好义等人起兵诛讨吴曦，收复了西州、和州、阶州、成州、凤州以及大散关等地。宋朝让参谋官方信孺出使金国，金人允许讲和，但要求宋朝把伐金的主谋人绑送金国。

自战事兴起以来，公私的财力消耗殆尽。然而，韩侂胄因人们打算惩治伐金主谋以安定国家，便又执意出兵伐金，朝廷内外的人们为之忧愁恐惧。但是，人们都畏惧韩侂胄，无人敢于发言。史弥远入朝回答宋宁宗的问话，趁机陈述宋朝面临着危险促迫的形势，请求杀掉韩侂胄，以期安定国家。皇后杨氏平素便怨恨韩侂胄，这时也让皇子荣王赵曮（yǎn）上疏，说韩侂胄再起战端，将要危及国家，杨皇后从旁极力赞成，宋宁宗便同意了他们的说法。第二天，韩侂胄前来上朝，史弥远命令殿前司夏震率领三百士兵，把韩侂胄拥簇到玉津园，将他杀掉，由官府没收了他的家产，并且诛杀了他的同党苏师旦。宋朝廷将韩侂胄和苏师旦的头颅交给金国，以此请求讲和，还任命史弥远为丞相。

当时，蒙古奇渥（wò）温铁木真在斡（wǒ）难河称帝，屡次打败金军，金军逐渐衰弱下去。金国潍（wéi）州平民李全聚众起兵，定远平民季先领着他归附了宋朝。到了宋理宗在位的时候，任命许国为淮东制置使，李全的妻子杨氏前往郊外迎接许国，许国不肯接见，杨氏羞惭地返回。许国又极力压制李全，李全便袭击许国，并将他杀死。蒙古在青州包围了李全，李全便投降了蒙古。李全从蒙古军中回到宋朝统辖的地区，募集人马，袭击宋军，赵范与赵葵出兵进击，并斩杀了他，他的妻子杨氏投降了金国。

61. "赵大王"即位

宋宁宗有八个子女，都在小时候死去，因而没有子嗣，于是将沂王过继给自己的儿子赵贵和立为皇子，给他改名为赵竑（hóng）。沂王赵柄是宋孝宗的孙子，他也没有儿子，赵竑其实是赵德芳的九世孙，宗室赵希瞿的儿子。宋宁宗将赵竑立为后嗣，沂王又没有儿子了，宋宁宗便命令挑选十五岁以上的宋太祖的后人，召到宫中教育，就如同宋高宗挑选普安王的先例一样。由于宋宁宗没有封立太子，史弥远打算借着为沂王物色后人的名义，暗中选择有可能被立的宗室后人，作为皇子的人选。

适逢门下教书先生余天锡请假回乡，史弥远暗中告诉他说："现在，沂王没有后人，如果宗室之子中有贤明仁厚的人物，万望把他的名字告诉给我。"余天锡乘船前往浙江，船行抵庆元府西门的时候，他到全保长家中避雨。全保长知道余天锡是丞相门下的教书先生，便杀鸡做饭，盛情招待，对他甚为恭敬。一会儿，有两个少年出来站着侍奉客人，全保长说："这是我的外孙赵与莒和赵与芮（ruì），都是太祖长子赵德昭九世孙赵希垆（lú）的儿子。"于是余天锡想起史弥远的嘱托，便返回临安，告诉了史弥远，史弥远便召见了赵与莒和赵与芮二人。史弥远善于看相，认为他们的天姿非常奇特，便将赵与莒留下，为他改名为赵贵诚,把他立为沂王的后嗣,委任他为秉义郎。

这时赵与莒已经十七岁了,端庄持重,沉默寡言,品行修洁,上进好学,见到他的人,都为之肃然起敬,史弥远愈发另眼相看。史弥远让学录郑清之教他读书,他的学问日益长进。当时,史弥远当权的日子长了,权势炙手可热,皇子赵竑心中愤愤不平,曾经在案头写道:"应当判处史弥远发配八千里。"还曾经把史弥远称呼为"新恩",这是说史弥远将来不是发配新州,就是发配恩州。史弥远闻讯非常恐惧。

宋宁宗得了重病,史弥远诈称有诏将沂王的过继儿子赵贵诚立为皇子,改名为赵昀(yún)。宋宁宗在位三十年驾崩。史弥远打发皇后的哥哥的儿子杨谷石把新君废立的事情禀告给杨皇后,杨皇后没有同意。杨谷石等人在一夜之间往返了七次,流着眼泪跪下来说:"朝廷内外以至将士百姓都已经从心里归附于他,如果不将他立为嗣君,就一定会产生祸患和变故,杨氏一家就难以存活了。"杨皇后沉默了许久,才说:"这个人现在在哪里?"史弥远当即在宫中派出快速传令之人前去宣旨召见赵昀,并命令此人说:"现在要宣旨召见的,是沂惠宁王府中的皇子,并不是万岁巷中的皇子,如果领错了人,就将你们全部处斩。"

赵昀进宫去见杨皇后,杨皇后抚摩着他的脊背说:"你现在就是我的儿子了。"史弥远把赵昀带到宋宁宗的灵柩前面,待到举行哀悼的礼仪结束以后,才去叫赵竑前来。史弥远也把赵竑带到宋宁宗的灵柩前面,待到举行哀悼的礼仪结束以后,便将他领出帷幔,派殿帅夏震看守着他。于是,史弥远召集百官站好朝班，来听宋宁宗的遗诏，夏震便将赵竑领到他原来的班位，赵竑惊讶地说："照今天的事情来说，我怎么应该仍然站在这儿的朝班中呢？"夏震哄骗他说："遗诏宣布以前，你应当站在这里，遗诏宣布以后，你就可以即位了。"赵竑以为言之有理。不久，赵竑远远望见烛光照耀着的大殿上，已经有人坐在皇帝的座位上，赵昀已经即位了。赵竑不肯下拜，夏震便揪住他的背部，使他下拜。于是，赵昀声称遗诏将赵竑封为济阳郡王，不久又将他封为济王，让他离开京城，住在湖州。赵昀即位，这就是宋理宗。宋理宗幼年在家中生活的时候，成群的孩子在一起游戏，宋理宗往往登到高处，独自坐下，去当大王，命令这群孩子下拜，成群的孩子们都把他叫作赵大王。至此，他果然即位。宋理宗追封亲生父亲宗室赵希垆为荣王，追封赵希垆的妻子全氏为国夫人，让他们的儿子赵与芮承袭封爵，侍奉先人的祭祀。

　　史弥远打算在大家心目中树立自己的声望，征召任用了真德秀、魏了翁等人。湖州人潘任起兵，图谋拥立济王赵竑，他们的党羽只不过是太湖的渔民，为数仅有几十人而已。济王赵竑知道事情难以成功，便率领军队讨伐并平定了他们，史弥远却因此将济王赵竑杀死在湖州。魏了翁、真德秀相继直言济王赵竑冤枉，史弥远将他们视为心病，便让梁成大担任监察御史，把他们全都弹劾离位。梁成大与莫泽、李之孝一起充当史弥远的鹰犬，对于凡是违背史弥远心意的人，这三个人肯定相继出面抨击排挤他们，当时的人们把这三个人视为"三凶"。

当初，孟宗政担任知枣阳军的职务，屡次击败金兵，号称忠顺军。孟宗政故去以后，宋朝廷派江海去代替孟宗政的职务，大家不服，朝廷便让孟宗政的儿子孟珙（gǒng）去代替江海，大家这才安定下来。

蒙古派遣王楫前来宋朝商议共同攻打金国，京湖制置使史嵩之奏称，应当应允蒙古的建议，宋理宗派遣邹伸之向蒙古回报致谢。蒙古承诺等到攻打金国成功以后，便把河南地区归还宋朝。金哀宗完颜守绪逃到蔡州，向宋朝借粮，宋朝没有答应。史嵩之让孟珙等人率领军队攻打金兵，孟珙率领军队进入蔡州，蒙古军随从孟珙军到来。金哀宗完颜守绪上吊自杀，金国灭亡。

62. 宋蒙交恶

史弥远独自担任丞相历时二十六年，他的权势超过了朝廷内外所有的人。他最初打算一反韩侂胄的所作所为，所以收罗贤才，召用声望素著之人，安排在朝廷之中。及至济王冤死，人们议论纷纷，史弥远便专门任用谄媚卑鄙的小人担当御史台与谏院的职务，一时间朝中君子几乎被贬逐一空。宋理宗感激史弥远对自己的拥立，对他唯言是从，所以史弥远终生受到恩宠。至此，史弥远故去，宋理宗开始亲自处理政务，励精图治。郑清之也慷慨激昂，以安定天下为自己的责任。

宋朝分别将陈州、蔡州西北地区归属蒙古。史嵩之让孟珙分兵屯驻在京西。赵范、赵葵请求抓住时机，招抚并平定中原，收复东京开封府、西京河南府和北京大名府，郑清之极力主张此

鞭振华夏

说。群臣都认为敌人来势正猛，恐怕一旦发生争端，会招致战争爆发，史嵩之、杜杲也都认为不能马上收复中原。宋理宗没有听从群臣以及史嵩之等人的意见，便命令赵汝移出镇黄州，限定日期进军，颁诏命令全子才会合淮西一万兵马奔赴汴州。当时，汴京都尉李伯渊等人受到崔立的侮辱，准备将崔立杀掉，及至他们听说全子才的军队前来汴京，李伯渊便杀死崔立，率领汴京守军投降。赵葵率领军队与全子才在汴京会合，并且派遣徐敏子率领军队进入洛阳。

  当时，蒙古听说宋朝前来争夺河南，便回军向南开进，在黄河寸金淀掘开河水，冲灌宋朝军队，宋朝军队多数淹死水中。史嵩之担心此举会招惹事端，因而没有给北进的宋军送去粮食，各军的粮食用度接济不上，而他们收复的州郡大多都是空荡荡的城池，兵力与食品都没有凭借之处，全子才深感为难。赵范、赵葵对各军的督促越发急迫，便发布檄文命令范用吉等人领兵前进，命令徐敏子担任监军，还命令杨谊率领军队随后开进，分别给各军五天的口粮，让他们开赴洛阳。徐敏子进入洛阳的第二天，军中的食物已经吃光，只好采集蒿子和在面中，做成菜饼充饥。杨谊来到洛阳东面三十里处，士兵正在分散坐着吃早饭，这时，蒙古的伏兵却突然从深深的蒿草中冲出。杨谊仓促无备，于是士兵纷纷溃逃。蒙古军队来到洛阳城下，徐敏子与蒙古军队交战，胜负参半。将士缺少口粮，因而杀战马充饥。徐敏子等人无法留在河南，便撤兵返回，赵葵、全子才也都率领军队返回南方，宋理宗颁诏命令降诸人的官职俸禄各有不同。

宋理宗顺从民众的愿望，将真德秀和魏了翁二人召回朝廷。真德秀将自己撰写的《大学衍义》一书献给宋理宗。二人极力陈述当时施政措施的得失，宋理宗嘉许并采纳了他们的意见。

宋理宗使孟珙在襄阳驻扎，以便防备蒙古。蒙古派遣王楫前来说："你们为什么毁弃盟约？"从此，淮水、汉水之间，没有安宁的时候了。

蒙古太子阔端[1]率领兵马图谋四川，知天水军曹友闻将他打败，于是带领兵马据守仙人关。及至曹友闻战死，蒙古军便长驱直入四川，屠杀成都全城人民。城中的尸骨共计一百四十万具，城外死去的人们尚不在此数之内。

63. 孟珙屯田

当时，宋朝军队屡次被蒙古打败，襄汉、江淮地区每天都在进行军事争夺，各位守城将领中守节而死和力不能支而反叛投降的人接连不断，宋理宗对以前决定收复中原的做法感到非常后悔。郑清之被免除了丞相的职务，赵葵因罪被罢免官职。蒙古军没有一天不在攻打和掳掠各州各县，宋朝依靠孟珙、杜杲屡次出战，才击退了他们。

宋理宗任命孟珙为荆湖制置使，执掌岳州，让他前去收复荆襄。孟珙派遣兵马首先收复了郢州以及荆门，史嵩之收复了光州，孟珙又收复了樊城和襄阳。孟珙上奏说："襄阳与樊城是朝

---

[1]阔端，元太宗窝阔台的次子。

廷的根本重地，如今经过频繁的战斗才得到该地，如果没有十万兵马，就不够分兵防守的。"于是朝廷加设了先锋。孟珙又派遣军队在蜀口抵御蒙古军，进而收复了夔州。孟珙收复四川以后，便大兴屯田，以便防守。

宋理宗任命余玠（jiè）为四川制置使。播州的冉琎（jīn）、冉璞兄弟请余玠将合州城迁移到钓鱼山，以守卫四川，余玠大喜，依言而行。钓鱼山的城池告竣以后，四川地区初步可以防守，宋理宗便任命孟珙兼知江陵府。沮水与漳水原来由江陵城西流入长江，孟珙堵截河道，将二水引到城东，绕到城北，让二水流入汉水，从而使三水连通成一个整体。同时，孟珙随着地势的高低起伏来开通渠道，三百里以内的水道都泄蓄到此处，使此处成了浩渺的湖泽。为此投入的土木人工有一百七十万，百姓不怕劳役辛苦，于是使此地成了江陵天险。孟珙的曾祖孟安跟随岳飞指挥作战，所以他的父亲孟宗政也善于用兵，因而孟珙用这种办法延长了宋朝的寿命，终于成就了大功。

宋理宗为周敦颐、张载、程颢、程颐、朱熹封赐爵位，并且让他们作为孔子的陪祭，同时不再让王安石陪祭。宋理宗还颁诏搜求他们留下的著作，重新为张栻、吕祖谦封赐爵位，也让他们作为孔子的陪祭。

64. 贾似道卖国

当时，阎妃恃宠骄横，丁大全、马天骥执掌朝政，有一位不知名的人在朝门写了"阎马丁当，国势将亡"八个字，即是：

"阎马官运亨通,玉佩丁当,国家的局势将要走向败亡。"蒙古汗蒙哥[1]亲自率领军队进攻四川,皇弟忽必烈率领各军渡过长江,进兵围困鄂州。宋朝大为震惊,宋理宗颁诏命令各路出兵抵抗蒙古军,拿出内府的大量银钱犒赏军队。当初,宋理宗任命贾贵妃的弟弟贾似道为藉田令,贾似道仗着皇上的宠爱,行为很不检点,天天在妓女家纵情游荡,直到夜晚,仍然在西湖宴饮游乐,流连不返。

有一次,宋理宗在夜间登高远望,望见西湖中的灯火不同寻常,便对身边的人说:"这肯定是贾似道了。"第二天一问,果然是他。宋理宗让京尹史岩之告诫贾似道,史岩之回答说:"虽然贾似道的习性好尚不同于别人,但是他的才能足以委以大任。"至此,宋理宗任命贾似道为右丞相,让他援救鄂州。蒙古人攻城越发急切,贾似道大为恐惧,便秘密派遣宋京去见蒙古军元帅,请求向蒙古称臣,交纳钱币,皇弟忽必烈没有同意。

适逢元宪宗蒙哥在合州城下故去,死讯传出以后,阿里不哥打算承袭元宪宗的帝号,翰林学士郝经请求回军言和,贾似道也第二次派遣宋京前往,忽必烈这才答应下来,而且约定了每年宋朝向蒙古交纳钱币的数量,然后撤除营寨离去。

贾似道让夏贵等人在新生矶杀死了蒙古军队殿后的一些士兵。贾似道隐瞒了他与蒙古议和称臣、向蒙古交纳钱币的真情,

---

[1]蒙哥,元太祖幼子拖雷的长子,由元太宗窝阔台抚养。

把攻杀虏获蒙古军队殿后士兵的情况上表，以各路宋军获胜上报给宋理宗。

宋理宗认为贾似道立下了使国家再获生机的功劳，将他召回朝廷，任命他独自担当丞相，封为卫国公。蒙古派遣翰林学士郝经前来要求重归于好，贾似道正在以他援救鄂州的功劳颂扬自己，害怕邪恶的阴谋显露出去，便命令把郝经关押在真州忠勇军的营房中，让驿站的吏卒加意看守，比关在牢狱中还要严密。郝经屡次向宋理宗上书，都无法送到宋理宗手里。郝经说："从天时与人事来估量，宋朝的皇位恐怕不会长久了。"知泸州刘整，是宋朝骁勇善战的将领。贾似道攻杀蒙古军队殿后的士兵，刘整出力居多。至此，贾似道为了防止奸谋泄露，打算杀掉刘整，刘整恐惧不安，便投降了蒙古。湖南制置使向士璧屡次打败蒙古军，贾似道认为他有事不向自己禀告，对他怀恨在心，便建议委派官员核查边防费用。于是，赵葵、史岩之等人都因侵占隐瞒边防费用而获罪，被罢免官职，征缴财物，清偿所欠。而向士璧耗费的边防费用尤其多，便被贬谪到潭州安置，终于死在那里。贾似道还拘捕了他的妻妾，征发她们服役。潭州人得知消息以后，有的人流下了眼泪。

宋朝实行经界、推排法，使所有的土地都载入官府的土地簿册，东南地区大受搅扰。贾似道又因国家用度缺乏，便在浙西六郡购买公田。开始，占田在二百亩以下除外，后来，占田在一百亩以下除外，买田时支付给银两绢帛，或者付给可免税役的僧尼出家凭证、委任官职的文凭，被购买的田地折价都非常低廉，官府一共购买公田三百五十余万亩。最初购买公田时，力求数量多，不考虑田地的好坏。及至收取租米的时候，由于有的田地不足原数，有的田地土质瘠薄，有的佃农家境贫苦，有的佃农愚顽不化，只要租米发生亏欠，便由田主全数赔偿。因此，浙西六郡百姓没有不倾家荡产的。接着，在平江各路也增设了推行公田的官员。

当时，蜀郡已经失陷，宋朝可以恃为天险的地方，只有襄樊一带。刘整向蒙古人进言说："南人可以仗恃的人只有吕文德了，然而，吕文德是可以利诱的。请派遣使者送给他一条玉带，要求他在襄阳城外设置交易场所。"蒙古人同意了。蒙古使者来到鄂州，向吕文德请求，吕文德应承下来。有人对吕文德说："设置交易场所可以使我们获利，而且可以暗中与蒙古友好往来。"于是，吕文德为蒙古人向朝廷请求，在樊城外开设交易场所。蒙古人在鹿门山筑起土墙，在土墙外面进行往来贸易，在土墙里修筑堡垒。蒙古人又在白鹤修筑堡垒。从此，敌人有了固守的据点，可以凭借此地控制南北救援。蒙古军还时常出动巡逻的兵马，在襄樊城外劫掠，兵威越发盛大。吕文德的弟弟吕文焕知道已经受了蒙古人的欺骗，写书信劝阻，吕文德这才醒悟过来，但是已经无可挽回了。吕文德非常悔恨，经常说："使国家受到妨害的人，就是我了。"于是，他背发毒疮而死。

宋理宗没有儿子，便以亲生父亲荣王赵希垆的孙子、同母弟赵与芮的儿子赵孜为后嗣，为他赐名赵禥（qí），将他立为皇太子。宋理宗在位四十年驾崩，太子赵禥即位，这就是宋度宗。

宋度宗将宋理宗的皇后谢氏尊为皇太后。谢氏是天台人，贤明有德，宋朝投降元朝以后又过了七年，寿满而终。

宋度宗当太子的时候，认为贾似道有功，及至即位，每当贾似道朝拜的时候，宋度宗必定回拜，还将贾似道称作"师臣"，而不直呼其名，朝中臣僚都把贾似道称作周公。将安葬宋理宗的事办完以后，贾似道径自弃官，返回家乡闽粤，同时暗中命令吕文德谎报蒙古军紧急进攻下沱。朝中百官极为惊骇，宋度宗与太后谢氏都亲手写诏请他赴任，贾似道这才回到朝廷。贾似道时常用自己离位要挟国君，宋度宗甚至哭泣着下拜挽留他。江万里用身体遮挡着度宗说："自古以来，君臣之间没有这种礼法，陛下不应该下拜。"贾似道无话可说，表面上向江万里承认了错误，但对他的忌恨越发加深，不久便外放江万里为知潭州。宋度宗任命贾似道为太师、平章军国重事，允许他每三天上朝一次。贾似道上疏请求回家养老，宋度宗命令大臣随在贾似道身边侍候，传旨再三挽留，还赐给他一所建筑在西湖葛岭之上的宅第，派人将他迎接到宅第中奉养。于是，贾似道每隔五天才乘着西湖上船只前往朝廷去一次，也不到都堂办事，全由吏人抱着文书，前往他的宅第，呈送给他签署意见。朝中政务无论大小，一切取决于门客廖莹中和堂吏翁应龙，其他同平章事、参知政事、左右丞、枢密使等只是在相位上勉强凑数而已。正直的人士几乎被罢免排斥一空；官吏争相收受贿赂，以图担任将帅、监司、郡守的官吏多得无法计算。外有战事挫败，下有百姓困顿，但没有人敢于发言议论。

蒙古将领史天泽筑起了围困襄阳的长圩，蒙古将领阿术率领军队包围了樊城。张世杰、夏贵、范文虎率领军队援救襄阳，都被打得大败。蒙古军对襄樊的围困日益急迫，贾似道天天坐在葛岭上，建造楼台亭榭，修筑"半闲草堂"，延请道士，为自己塑像，放在楼堂中。他娶宫女叶氏以及姿色漂亮的娼尼为妾，每日纵情淫乐。有一次，贾似道与众妾蹲在地上斗蟋蟀，与他亲昵嬉戏的人开玩笑说："这是军队与国家的重大事务吗？"贾似道还多方收罗奇器异物，酷爱珠宝珍玩。他建筑了一座多宝阁，每天都要登阁观赏，从此，他有时接连几个月不去上朝。有人进言边防事务，他便加以贬官斥逐。有一天，宋度宗问道："襄阳被围困三年了，如何是好？"贾似道回答说："北国的军队已经撤退，陛下是从哪里听到这种说法的？"度宗说："刚才有一位贵宾讲的。"贾似道查清此人，以别的事情诬陷他，宋度宗赐他自杀而死。从此，虽然边防事务日益紧急，但是没有人敢向宋度宗报告。

65. 襄阳遭困

蒙古将领张宏范对史天泽说："如今谋取襄阳，围困严密，不急于进攻的目的，想来是要等候宋军自蹈败亡。然而，夏贵趁着长江涨水的时机把衣服、口粮送进城中，我军没有防备的办法。同时，取道襄阳之南的江陵、归州和峡州的旅客接连不断，宋军哪有败亡的时候？如果在万山修筑堡寨，切断襄阳西面的通路，在灌子滩竖起栅垒，断绝襄阳东面的通路，这才是消灭宋军的办法。"史天泽上报请示，依计而行，于是在万山筑起堡寨，从此襄阳交通断绝。

蒙古将国号改称为元。当时，襄阳被围困了五年，没有援兵到来，吕文焕竭尽全力抵御敌军。李庭芝派遣统制张顺、张贵前去援救襄阳，发出船只一百艘，乘风破浪，径直冲进重重包围。元军为了躲避援军的势头，纷纷惊慌溃散，犹如随风倒伏，援军终于抵达襄阳城下。及至收兵的时候，唯独张顺失散不见。过了几个月，有一具漂浮着的尸首溯流而上，身披盔甲，手握弓箭，一直抵达桥梁之下，人们一看，却是张顺。张顺受伤四处，身中六箭，当时正值盛夏，张顺满脸怒气，栩栩如生。各军大惊，认为张顺神明有知，便建造坟墓，收殓了他的尸首安葬。张贵进入襄阳以后，吕文焕再三请他留在城中，共同防守，张贵自恃骁捷勇敢，打算返回郢州，便挑选了两个能够潜伏在水中一连几天不吃东西的战士，带着蜡封的书信赶往郢州请求援军。两个战士终于返回郢城报告，李庭芝答应派出五千兵马，前往龙尾州驻扎，以便协助夹击敌军。时日已定，计划泄露了。张贵擂鼓呐喊，贸然进军，在临近龙尾州的时候，远远望见军船插满旗帜，张贵以为是郢州兵马前来会合，及至两军碰在一起，才发现前来的兵马都是元军，郢州军已经在前一天退去。张贵受伤十处，力不能支，于是被俘。张贵被押去见阿术，阿术打算让他归降，张贵不肯屈服，于是被杀。元朝人把张贵的尸体送到襄阳城下，防守城池的战士纷纷哭泣，城中士气颓丧。吕文焕把张贵安葬在张顺的坟墓旁边，为二人修建了一座祠庙来祭祀他们。

66. 樊城烈士

当时，樊城被围困了四年，守将张汉英、范天顺、牛富奋力作战，不肯投降元军。张宏范进军攻打樊城，被乱箭射中了肘部。他包扎好伤口去见阿术说："襄阳在汉水南岸，樊城在汉水北岸，如果我军攻打樊城，襄阳就会出动水军前来援救，攻打襄阳也是如此，到头来还是难以攻取。倘若我军截断汉水的通道，阻断救兵，水陆两路攻打樊城，樊城就一定会被攻破，襄阳也会被攻克了。"阿术依计而行，便派遣军队截断汉水，同时派出精锐兵马直逼樊城。樊城失陷，张汉英死难，范天顺仰天长叹说："我生是大宋的臣，死是大宋的鬼。"当即在防守处上吊而死。元军进入樊城，牛富率领敢死之士进行巷战，死伤的元兵多得数不胜数。牛富辗转激战奋进，烧毁民房，使人无法在街道上通行。牛富身受重伤，奔入火中自焚而死。副将王福叹息着说："牛将军为国捐躯，难道我能独自存活下来吗？"于是他也奔入火中，自焚而死。

樊城被攻破后，襄阳孤立无援。每当吕文焕巡视城防的时候，总是望着南方痛哭一场，然后向朝廷发布告急文书。贾似道不但没有督促各位将帅赶去援救，反而屡次上书请求让自己巡行边防，同时暗示御史台和谏院的官员上书把自己作为"师臣"留在朝中，说是让贾似道前去襄阳，就不能顾及淮南东西两路，让他去淮南就不能顾及襄阳，不如让他留在朝廷中筹划全国之事。

于是，宋度宗对贾似道说："师相怎么可以一日离开朕的身边呢！"阿术增兵攻打襄阳，吕文焕力不能支，适逢元世祖忽必烈派人前来招降，吕文焕便率全城投降。襄阳失守后，东南地区便无法防守了。贾似道因母亲去世而离开相位，宋度宗颁诏重又起用贾似道。太学博士陈著率领太学的众学生恳切劝谏，宋度宗仍然置之不理。

67. 元兵破宋

宋度宗从当太子的时候，便以贪恋女色闻名。即位后，沉溺在酒色之中，每当他在宫中，怀中总是抱着女人。根据惯例，嫔妃姬妾被送进宫侍奉皇帝以后，要在第二天清晨前往阁门感谢皇帝的恩典，有关人员要记下该人侍奉皇帝的日期。宋度宗沉湎女色，一天之内，前去谢恩的妇女有三十多人。度宗在位十年驾崩。皇子赵㬎（xiǎn）即位，当时只有四岁，皇太后谢氏当朝处理国务，行使皇帝的权力。皇太后谢氏封赵昰（shì）以及赵昺（bǐng）为王，颁诏命令贾似道独自站在朝班前问候安康。群臣将谢太后尊为太皇太后，将全皇后尊为皇太后。

元朝命令平章事史天泽以及左丞相伯颜率领二十万军队南下侵犯宋朝。吕文焕领着伯颜由襄阳奔赴郢州，刘整领着唆部由枣阳奔赴淮泗，元军的旗帜连绵数百里，水路与陆路一同进发。元朝阿术由青山矶横渡长江，伯颜侵犯阳罗堡，夏贵不能防守，丢下军队，逃回庐州，宋军纷纷溃散。伯颜进入阳罗堡，渡过长江，会同阿术奔赴鄂州，知汉阳军王仪率全城投降。元将吕文焕侵犯鄂州，守将程鹏率全城投降。于是，伯颜率军队东进，谋取荆湖。

鄂州失陷后，宋朝廷大为恐惧。太学外舍、内舍、上舍的学生以及群臣上书，认为非"师相"贾似道亲自出兵不可，贾似道迫不得已，才在临安开设督都府。这时史天泽已死，伯颜与阿术顺流东进，以吕文焕作为向导。长江沿岸的各位将领，都是吕文焕的部下，所以望风归降。贾似道的女婿范文虎率安庆叛归元朝。贾似道率领军队驻扎在芜湖，由于害怕刘整，不敢进发。及至贾似道听说刘整已死，便高兴地说："这是上天在帮助我。"于是，他上表要求出兵，抽调各路精锐兵马共三十万人随行，装载金银丝帛和军用物资的船只，船头与船尾相接，连绵一百多里。贾似道派遣宋京前往元军，请求向元朝称臣，每年交纳进贡的钱币，就像他以往与蒙古军约定的那样，伯颜没有许可。贾似道将精锐兵马七万人全部托付给孙虎臣，孙虎臣率军驻扎在池州下流的丁家湾，夏贵率领二千五百艘战船绵亘在长江中央，贾似道带领后军殿后。夏贵曾经在鄂州战事中失利，既担心贾似道开设督府成功，又忌妒孙虎臣新近晋升，虽然他结成阵列对敌，但是极无斗志。

元将阿术挺身登上战船，擂起战鼓，鼓声震天动地。他派人攻掠宋军的船只，大声呼喊道："宋军败了！"孙虎臣的前锋将领姜才刚刚接战，孙虎臣忽然前往其妾乘坐的船上去，大家看见他往后走，便大呼道："步兵逃走了！"于是宋军大乱，夏贵不战而逃。贾似道仓皇惊惧，举止失常，连忙敲钲

以冰固城

收兵。阿术、伯颜水陆两路夹攻，被杀死和淹死的宋兵多得数不过来。贾似道惊慌不定，传召夏贵议事，夏贵说："各军已经极度惊惧，我拿什么去与敌人交战？师相您只有前往扬州，招集溃散的人马，迎接皇上到海上去。我只有誓死防守淮西了。"于是夏贵驾船离去，贾似道便与孙虎臣单独乘着一条船逃到扬州。

第二天，溃散的宋兵遮蔽着长江的水面顺流东下，贾似道派人登上江岸，举起旗来招集他们，士兵全然不肯响应，还有人恶语辱骂。于是，贾似道发布公文，命令各州县前往海上迎接宋恭帝，姜才收兵扬州，元朝军队便乘胜东进。赵溍（jìn）丢开建康逃跑，各地知府也都放弃城防逃跑，有人叛国投敌，有人守节而死。元人攻打池州，通判赵卯发代理州中事务，与妻子雍氏相约共同守节。清晨起来以后，赵卯发在几案上写道："国家不可背叛，池州不可投降，夫妇同时赴死，节义也成一双。"于是他与雍氏在从容堂中自缢而死。元人攻打饶州，知州唐震和原先的丞相江万里自杀。江万里在芝山后园中开凿水池，在亭子上题写匾额称作"止水"，人们都不晓得他的用意。及至州城将要攻破的时候，江万里便跳到池中死去。

68. 抗元败绩

当初，汪立信进献守卫边防和罢兵言和两项计策，贾似道都没有采用。至此，汪立信因气逆于喉而死。谢太后颁诏命令全国各地出兵援救朝廷，李庭芝派遣兵马入京应援，张世杰率军队入京护卫。诏书送到赣州，文天祥捧着诏书哭了起来。文天祥性喜豪华，日常奉养丰厚，面前总是充斥着歌妓和姬妾。至此，文天祥痛切地限制自己，把家中的资财全部充作军费，并发动本州的豪杰之士，又联合溪洞山蛮，募得一万人马入京护卫。李芾（fèi）也派遣兵马入京应援。

陈宜中当初依附贾似道，得以骤然成为丞相。及至翁应龙从军中返回朝廷，陈宜中问贾似道在什么地方，翁应龙回答说不知道，陈宜中料想贾似道已经死去，便上书请求诛杀贾似道。谢太后没有允许，只将贾似道罢免为醴泉观使。凡是贾似道实行的各项毫不顾惜百姓的措施，一律依次罢除，国家购买的公田全都归还给田主。

有两颗星在天空中撞击，其中一颗陨落。主持政务的官员及侍从弃职逃跑的有数十人，太皇太后谢氏诏谕他们，但仍然不能禁止。

元世祖忽必烈派遣礼部尚书廉希贤、工部侍郎严忠范携带国书前往建康。廉希贤请求拨给自卫的兵马，伯颜说："使者运用言辞而无须借助兵马，兵马多了反而会招致嫌疑。"廉希贤再三请求，元世祖忽必烈便派遣五百人马护送他们。廉希贤等人来到独松关，张濡的部下杀死严忠范，捉住廉希贤，将他送往临安，廉希贤生疮而死。

太皇太后谢氏颁诏命令张世杰等四路出兵抵抗元军。张世杰与刘师勇、孙虎臣等人全力出动水军战船一万余艘，在镇江焦山驻扎下来，张世杰命令以十艘战船为一方，没有命令，不允许起锚开船，以显示必死的决心。元朝的阿术来到焦山，用带火的箭支攻打宋军，宋军战船的篷帆与桅杆全被烧毁，浓烟烈火遮蔽了江面。宋军大乱，但又不敢起锚开船，投江而死的有一万多人。元将张宏范、董文炳又率领精兵拦腰冲击宋军，于是张世杰不再能够指挥军队，便逃往圌（chuí）山，刘师勇返回常州，孙虎臣返回真州。

69. 茅坑贾似道

太学外舍、内舍、上舍的学生与御史台、谏院的官员以及翰林学士、给事中、六部尚书与侍郎等纷纷上书请求杀掉贾似道，太皇太后谢氏没有答应。王愉再次论定贾似道的罪行，太皇太后谢氏颁诏由官府没收他的家产，将他发配到循州安置。会稽县尉郑虎臣因父亲曾经被贾似道流放，请求让自己承当监督押送贾似道的任务。当时，贾似道寄居在建宁的开元寺中，侍奉身旁的姬妾仍然还有数十人。郑虎臣来到建宁开元寺，将他的姬妾悉数屏除，夺去了他的珍宝玉石等物，撤去他乘坐的轿子的顶盖，使他在秋天的日头下暴晒着赶路，叫他给轿夫唱杭州歌曲，借以捉弄他，让他受窘受辱，无所不至。来到漳州木绵庵时，郑虎臣暗示贾似道自杀，贾似道没有服从。郑虎臣说："我为天下杀死贾似道，即使我死了，又有什么值得遗憾的呢！"他便在厕所里将贾似道肋骨摧折而死，把其上半身投入茅坑，随即在木绵庵的侧屋里埋葬了他。

70. 国破临安

元将阿术围困扬州，李庭芝坚守州城，难以攻克，于是伯颜决定继续向纵深开进。元军越过扬州，横渡长江，分兵东进。元军攻克独松关后，相邻城镇的人们望风而逃，各处官军纷纷溃散。朝廷大为恐惧，便派遣柳岳前往元军元帅处请求讲和，伯颜不肯应允。他说："你国杀害我国的使者，所以我们才发兵打到这里。你国从小孩子手中得到天下，也从小孩子手中失去天下，你还要多说些什么？"

伯颜率军在皋亭山驻扎。文天祥、张世杰请求将太皇太后、皇太后和宋恭帝三宫迁移到海上，而让他们自己率领人马背城一战，陈宜中没有同意。太皇太后谢氏派遣监察御史杨应奎向元朝进献传国玉玺投降。伯颜接受请降，派遣使者传召陈宜中前来商议有关归降事宜，陈宜中弃官逃回温州清澳。张世杰、苏刘义、刘师勇率领未战即降的各将帅所统辖的兵马离开临安，进入海上。杨应奎从皋亭山返回朝廷，说伯颜打算与执掌朝政的官员当面商议归降事宜，太皇太后便任命文天祥为右丞相，让他与吴坚一同前往皋亭山。文天祥见到伯颜后，要求元朝将军队撤退到嘉兴，等待双方和解，据理争辩，不肯屈服，伯颜大怒，便将文天祥扣留起来，而将吴坚遣还。伯颜让人开导文天祥，打算让文天祥归降，文天祥只自痛哭，拒绝投降。

驸马都尉杨镇拥奉益王赵昰和广王赵昺逃往婺州，伯颜派遣范文虎追赶他们，将杨镇捉回临安。杨淑妃与弟弟杨亮节拥奉益、广二王相继来到随州与温州，太皇太后颁布亲笔诏书谕示各州县一律归降元朝。伯颜驻兵湖州，派遣张惠、阿剌罕等人进入临安府，封闭库存，收取史馆收藏的图书以及百官的印信和委以官职的凭据，废除了宋朝的官府及其侍卫军。当时，元军分别驻扎在钱塘江的沙滩上，杭州人正在庆幸元军会遭潮水吞灭，但是三天时间里早晚都没有涨潮。景炎三年（1278年）三月，伯颜进入临安，将宋恭帝以及太皇太后谢氏、太后全氏、福王赵与芮连同众臣僚、太学外舍、内舍、上舍、诸生、内侍人员等全部押送到北方。宋恭帝在位二年，国家灭亡，当时只有六岁，后来宋恭帝落发为僧，也有子嗣。太皇太后谢氏不久故去，太后全氏后来也出家为尼。

71. 宋谋兴复

元人押解文天祥前往北方。来到镇江的时候，文天祥与他的门客杜浒等十二人在夜间逃亡到真州。苗再成出城迎接，既高兴，又悲泣。文天祥写书信给李庭芝，主张派遣使者前往各地，纠集兵马，缔结誓约。当初，文天祥还没有来到真州，那时有一个从扬州脱身回来的士兵说，元人秘密派遣一位丞相进入真州劝降来了。李庭芝信以为真，认为文天祥是前来劝降的，便指使苗再成赶快将他杀掉。苗再成于心不忍，哄骗文天祥说请他出城巡视城堡，出城后便将制置司的公文拿给他看，并将他关在城门之外。文天祥前往扬州，准备进城，听说置制司下达命令，逮捕文丞相，情况非常紧急。文天祥便改变姓名，由通州取道海上前往温州，去寻找益、广二王。陆秀夫、苏刘义听说益、广二王在温州，便率领兵马前来会合。杨亮节听说陈宜中在清澳，便派遣使者传召他。陈宜中前来谒见，他们在一起共同商议兴复宋室，于是拥戴益、广二王为都帅，进入福建，前往福州，发布公文召集各路忠义兵马，宋军的声势稍有振作。陈宜中、张世杰等人拥戴益王赵昰在福州即皇帝位，这就是宋端宗。

宋端宗为身陷元朝的宋恭宗等遥献孝恭懿圣皇帝等尊号，尊奉自己的母亲、宋度宗淑妃杨氏为皇太后，并请皇太后杨氏与自己共同处理政务。文天祥从温州赶到福州，宋端宗任命他为右丞相。文天祥在南剑州开建府署，辟置僚佐，筹划江西事务，于是收复了邵武军。

元朝阿术围困扬州，历时经久，未能攻克，李庭芝愈发努力防守。及至临安朝廷归降元朝以后，元人将宋恭帝押送到北方，李庭芝与姜才率领四万人在夜间攻打瓜洲，夺取宋恭帝，元军簇拥着宋恭帝躲避到别处，结果没有成功，只好返回。阿术带着太皇太后谢氏的亲笔诏书劝李庭芝归降，李庭芝登上城头，对元朝的使者说："我接受诏命守城，没听说有诏书叫我投降。"李庭芝不肯从命。不久，福州朝廷的使者来到，李庭芝命令制置使朱焕防守扬州城，而自己与姜才率领五千军队奔赴泰州。李庭芝出发以后，朱焕立即率城降元。阿术率领兵马追赶李庭芝，李庭芝逃进泰州。适逢姜才背上生了毒疮，无法作战，泰州守城将领孙贵、胡惟孝便打开北城门，将元军放进城来，李庭芝与姜才都被捉获。阿术打算让他们归降，李庭芝与姜才不屈而死。

东莞平民熊飞起兵抗元，会同赵溍收复了韶州和广州。文天祥率军在汀州驻扎，派遣赵时赏、张日中等人带领一支军队奔赴江西，以便攻取宁都，又派遣吴浚带领一支军队攻取雩（yú）都，刘洙等人都在江西起兵前来会合。元人包围韶州，守城将领刘自立率全城投降，熊飞率领军队展开巷战，后投水而死。秀王赵与择与元人在温州交战，战败自杀。

宋端宗住在泉州港湾的船只上面，由于招抚使蒲寿庚发动变乱，宋端宗逃往潮州，蒲寿庚率泉州降元。文天祥收复了梅州。陈文龙守节赴死以后，陈文龙的侄子陈瓒起兵收复了兴化军。文天祥由梅州出兵江西，于是收复了会昌县，张日中、赵时赏的军队都来与他会合。张世杰收复了潮州。文天祥在雩都打败元军，驻兵兴国县，让赵时赏、张日中等人率领军队收复吉州、赣州各县，于是包围了赣州。宋端宗迁移到潮州浅湾的船只上面。张世杰会合各军在泉州讨伐蒲寿庚，蒲寿庚关闭城门，自行防守。张世杰向各路传递檄文抗元，于是收复了邵武军。

当时，宋朝军队逐渐强盛起来，元世祖忽必烈颁诏命令塔出、李恒、吕师夔（kuí）等率领步兵进入大庾岭，从陆路出发，命令忙兀台、唆都、蒲寿庚、刘深等人率领水军出海，从水路出发，以便追赶益、广二王。李恒派兵援救赣州，准备亲自领兵攻打文天祥。文天祥没料到李恒会突然赶到，便带领兵马退逃。来到方石岭时，李恒赶上了文天祥。巩信与张日中领兵抵抗，全都战死，军队全部溃散。文天祥的妻子欧阳氏、儿子文佛生、文环以及两个女儿都被活捉。赵时赏在后面坐在轿子里面，元人问他是谁，赵时赏说："我姓文。"元军人众以为他是文天祥，便将他捉了起来。文天祥因此得以脱身，与长子文道生以及杜浒、邹㵯（féng）骑马逃走，于是逃奔循州。赵时赏被擒，破口大骂，不屈而死。

元将唆都来到兴化军，陈瓒关闭城门，坚持固守。唆都前往城前开导他，城上箭石像雨点般地落下。唆都大怒，攻破军城，捉住陈瓒，将他五马分尸。唆都还屠杀全城百姓，血水涌流，淙淙有声。

元将刘深率水军袭击浅湾，宋端宗迁移到秀山。陈宜中逃到占城，不再回国，后来死在暹（xiān）罗。宋端宗迁移到井澳的船只上，海上强烈的风暴大作，宋端宗因此身染疾病。元将刘深前来袭击井澳，宋端宗迁移到谢女峡。都统凌震收复了广州。宋端宗迁移到硇（gāng）州。夏季四月，宋端宗驾崩，在位二年，活了二十一岁。

72. 退守厓山

宋端宗的弟弟赵昺在硇州即位，太后杨氏与他共同处理朝政。恰巧有一条黄龙在海中显现，因而更改年号为祥兴，将硇州升为龙翔县。杨太后临朝听政，与群臣谈话仍然自称为奴。陆秀夫与张世杰共同执掌朝政，张世杰认为硇州不可久居，而厓（yá）山地处海中，距离潮州、广州各有四百多里，两山相对，格局颇为宽广，其中有一港湾，其出口有如大门，可以隐蔽船只，张世杰认为这是形势险要之地，便拥奉宋帝赵昺迁移到厓山驻扎。张世杰派人进山砍伐树木，建造了一千间军房。行宫正殿称作"慈元"，杨太后便住在这里。将广州升为祥兴府。当时，宋朝的官员、百姓、士兵还有二十多万人，多数居住在船中，物资口粮都由广右各郡提供。朝廷又命令工匠打造船只，制作器械仪仗，百姓难以承受，开始产生叛离朝廷的想法。

文天祥听说宋帝赵昺即位，便请求前来朝见，宋帝赵昺没有同意，而加任他为太子少保，将他封为信国公。适逢军中流行严重的瘟疫，将士死去很多，文天祥的儿子文道生也在此时死去，家属一个不剩。文天祥驻扎在潮阳，邹㵯、刘子俊都聚集军队与他会合。强盗陈懿引导张宏范的军队渡过潮阳，文天祥力不能支，便率领部下逃往海丰，张宏范随后追赶。文天祥正在五坡岭吃饭，张宏范军突然到来，大家来不及交战，纷纷伏在丛生的杂草中叩头。文天祥匆忙逃走，千户王惟义将他捉获。文天祥将龙脑香吞下，没有死去，邹㵯自杀。刘子俊诈称自己就是文天祥，希望可以使文天祥幸免于难。及至元军将文天祥捉到以后，各说自己是真，对方是假，元人便将刘子俊活活煮死，而将文天祥押到潮阳。见到张宏范以后，张宏范身边的将领让文天祥下拜，文天祥不肯屈服，张宏范为文天祥松绑，以对待客人的礼节与他相见。文天祥坚决要求处死自己，张宏范没有答应，还为他寻找被俘的亲属，全部交还给他，将他安置在船中。由于文天祥随着张宏范由潮阳港乘舟渡海，遇到一个在土堡中侦察敌情的将领，这才知道宋帝赵昺现在何处。

有人对张世杰说："如果北国的兵马派出水军堵住海口，

我军便无法进击退守,何不抢先占领海口,幸而取胜,是国家的福气;不能取胜,还可以向西而行。"张世杰担心长期住在海中,将士人心涣散,便说:"连年在海上行船,什么时候才能了结?"于是将一千多艘大船结成一字阵,抛锚海中,用粗大的绳索联结在一起,周围竖起楼棚,就如城堞一般。张世杰拥奉宋帝赵昺住在里面,做了必死的打算,人们都深感忧惧不安。厓山港湾的两个出口有两山对立如门,北面的出口处海水很浅,船只无法开进。元人由厓山东侧转向南面,进入大海,与张世杰的军队相遇,元军逼迫宋军,而且派出骑兵,切断宋军汲取淡水的通路。宋军的船只打造坚实,攻打不动,元人用船只载着茅草,浇上油脂,乘风放火,焚烧宋军船只。但宋军的舰只全部涂泥保护,还拴上长木杆来抵挡火攻,所以船只无法烧毁,张宏范也无可奈何。张宏范招降张世杰,张世杰不肯听命,张宏范便派遣水军据守海口,宋军打柴汲水的道路被切断了。士兵口渴异常,便下船捧海水喝,海水味咸,只要喝了海水,就呕吐腹泻,士兵的处境非常艰难。

张世杰率领苏刘义、方兴等人天天与元军激战,张宏范便将自己的军队分成四支,自己带领一支军队,与其余三军相距一里左右。张宏范下令说:"听见我这奏乐,你们才能出战。"他命令李恒趁着早潮退去的时候,先去攻打厓山的北面,张世杰率领两淮兵马拼死战斗。及至午潮上涨的时候,元军中奏乐,宋军因而逐渐懈怠。张宏范用船攻打厓山的南面,四支军队同时前进,张世杰前后受敌,士兵都已疲乏,不能再战。不久,随着宋军有一只船桅杆上的旗帜坠落下来，各船桅杆上的旗帜全部坠落。张世杰知道事情已经没有希望，便将精兵抽调到中军，各军纷纷溃散，元军逼迫中军。适逢天色向晚，风吹雨落，大雾四起，一片昏暗，人们相距咫尺，即不能辨认，张世杰便与苏刘义砍断绳索，带领十六艘船夺路出港而去。陆秀夫跑进宋帝赵昺的船里，宋帝赵昺的船很大，而且各船联结在一起，他估计无法出港，便先将他的妻子儿女赶到海里，随即背着宋帝赵昺一同跳海淹死。宋帝赵昺在位二年，只有九岁。随同死去的后宫女眷和朝廷诸臣为数甚多。剩下的船只仍然有八百艘，全部被元人得到。七天以后，海上浮起的尸首有十万多具。元军于是得到了宋帝赵昺的尸体以及颁发诏书的玺印。

73. 忠臣殉国

张世杰重新返回厓山收聚兵马的时候，遇见了杨太后，打算拥奉她来寻找赵氏的后人，再立他为帝。杨太后刚一听说宋帝赵昺驾崩，便捶着胸口，极端悲痛地说："我垂死挣扎，辗转曲折地到这里来的目的，正是为了赵氏仅存的后人，现在没有希望了。"说罢便跳海而死，张世杰在海边埋葬了她。张世杰打算前往安南，来到平章山下的时候，遇到海上的强烈暴风猛吹起来，船主准备将船划到岸边停歇，张世杰说："没有必要了，替我拿一炷香来。"船主把香拿来了以后，张世杰仰面向天大呼说："我维护赵家，也算仁至义尽了。一位国君故去，便再立一位国君，现他又故去了。我之所以没有去死，是希望在敌军退去以后，另立赵氏为君，以延续宋室的香火而已。现在成了这个样子，难道是天意吗？如果上天想让我不再维护赵氏的存在，就让大风吹翻我的船只吧。"于是船翻了，张世杰投水而死，宋朝灭亡。

以上所述，南宋起于高宗建炎元年，止于帝昺祥兴二年，凡有九位国君，一共经历了一百五十三年。两宋通计有十八位国君，总共经历了三百二十年。

张宏范将故宋丞相文天祥押送到元大都，囚禁在监狱中。元世祖忽必烈由狱中召见文天祥，打算任用他，文天祥坚决推辞。元世祖打算将他杀死，他愈发不肯屈服，元世祖便赦免了他。文天祥在元大都逗留了三年，平时在一小楼上坐卧起居，从不下楼外出。元世祖经商议准备释放文天祥回家，让他以道士的身份以备咨询。适逢山中狂人自称宋朝国君，说是打算夺取文丞相，元世祖便传召文天祥入朝，问他说："你有什么心愿？"文天祥说："但愿一死而已。"元世祖同意了他的要求，在元大都的柴市中将他杀害。临刑前，文天祥从容不迫地对吏卒说："我的事情了结了。"他面向南方拜了两拜，于是赴刑而死，当时他年方四十七岁。他的衣带中有一赞文说："孔子提倡成仁，孟子提倡取义，既读圣贤之书，应当学习什么？自今天以至于未来，我也许可以问心无愧。"妻子欧阳氏收葬他的尸首，他的面色仍然栩栩如生。有一位叫张毅甫的人，将文天祥的尸骨背回吉州安葬。文天祥的儿子都已死去，临终前他留下遗嘱，让弟弟文璧的儿子作为自己的后人。

又听说信州谢枋（fāng）得当初迎战元军失败，因有九十三岁的老母，便改换姓名，逃亡到建宁府的唐石山去奉养老母。妻子李氏连同两个儿子、一个女儿都已死去。及至母亲故去以后，元世祖听说谢枋得是一位贤才，便打算任用他，谢枋得不肯屈服。元人将他押往元大都，谢枋得绝食而死。儿子谢定之收殓他的尸骨，送回信州安葬。

北宋世系表
（960—1127）

（1）太祖赵匡胤 ──────（2）太宗赵炅（赵光义）
　　（960—976）　　　　　　　（976—997）

　　──（3）真宗赵恒 ──────（4）仁宗赵祯
　　　　（998—1022）　　　　　（1023—1063）
　　──商王赵元份 ──────濮王赵允让

　　──（5）英宗赵曙 ──────（6）神宗赵顼
　　　　（1064—1067）　　　　（1068—1085）

　　──（7）哲宗赵煦
　　　　（1086—1100）
　　──（8）徽宗赵佶 ──────（9）钦宗赵桓
　　　　（1101—1125）　　　　（1126—1127）

南宋世系表
（1127—1279）

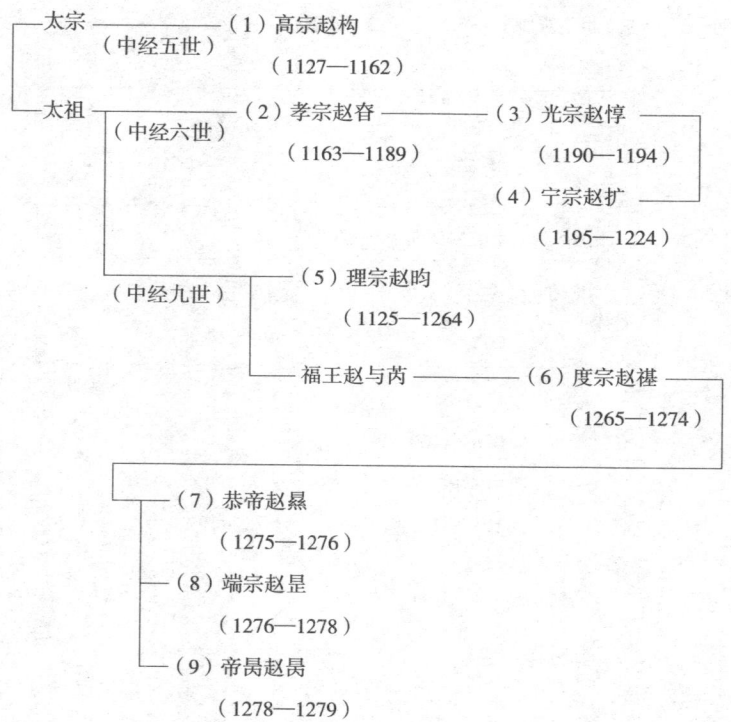